El Ferrocarril clandestino

Una apasionante recorrido por el camino secreto hacia la libertad de los afroamericanos durante el siglo XIX

Índice

INTRODUCCIÓN 1

CAPÍTULO 1: ORÍGENES DEL FERROCARRIL CLANDESTINO 4

CAPÍTULO 2: HÉROES ANÓNIMOS DEL FERROCARRIL
CLANDESTINO 18

CAPÍTULO 3: EL PAPEL DE LAS CASAS SEGURAS Y LOS
CÓDIGOS SECRETOS 35

CAPÍTULO 4: HISTORIAS DE GRAN VALENTÍA 44

CAPÍTULO 5: LA LEY DEL ESCLAVO FUGITIVO Y SU IMPACTO 58

CAPÍTULO 6: LA RELIGIÓN Y EL FERROCARRIL
CLANDESTINO 65

CAPÍTULO 7: EL IMPACTO DEL FERROCARRIL CLANDESTINO
EN LA VIDA AFROAMERICANA 70

CAPÍTULO 8: INFLUENCIAS EN LA LITERATURA Y EL ARTE
ESTADOUNIDENSES 78

CAPÍTULO 9: EL PAPEL DE LA MUJER 86

CAPÍTULO 10: EL LEGADO DEL FERROCARRIL CLANDESTINO 96

CONCLUSIÓN 99

VEA MÁS LIBROS ESCRITOS POR ENTHRALLING HISTORY 101

BIBLIOGRAFÍA 102

FUENTES DE IMAGENES 105

Introducción

Si usted ha crecido en los Estados Unidos de América, sin duda habrá aprendido sobre el Ferrocarril clandestino durante sus años en la escuela. Muchos de nosotros hemos hecho informes sobre personajes famosos relacionados con el Ferrocarril clandestino, como Harriet Tubman o Fredrick Douglass.

¿Y si le dijera que parte de la información que ha aprendido en la escuela puede ser incorrecta? Hay un número importante de mitos relacionados con la historia del Ferrocarril clandestino que se perpetúan continuamente en las escuelas estadounidenses.

Compruebe si alguna de estas afirmaciones le resulta familiar:

El Ferrocarril clandestino estaba dirigido por abolicionistas, la mayoría de los cuales eran cuáqueros blancos.

El Ferrocarril clandestino se extendió por todo el sur de Estados Unidos.

Muchas de las personas esclavizadas que escapaban iban de casa segura en casa segura, escondiéndose en habitaciones secretas por el camino.

Los edredones eran creados y cosidos por personas esclavizadas y colgados en las ventanas para alertar a la gente que huía de la localización de casas seguras.

Familias enteras pudieron escapar de sus esclavizadores y viajar juntas por el Ferrocarril clandestino hacia el norte, hacia la libertad, como una unidad.

¿Le enseñaron estos hechos en la escuela? Resulta que son mitos comunes sobre el Ferrocarril clandestino.

Este libro pretende compartir los hechos del verdadero Ferrocarril clandestino, disipando estos mitos y sustituyéndolos por la verdad. Comprenderá mejor los traicioneros viajes emprendidos por las personas esclavizadas en su huida hacia la libertad y se le proporcionarán puntos de reflexión para inspirar nuevas investigaciones sobre los valientes hombres y mujeres que participaron en el Ferrocarril clandestino, ayudando a crear su papel vital en la historia de Estados Unidos.

En los capítulos siguientes, encontrará información sobre cómo comenzó el Ferrocarril clandestino, historias de los héroes silenciosos menos conocidos, datos sobre los abolicionistas más famosos, los detalles más minuciosos sobre la Ley del Esclavo Fugitivo y el papel de las mujeres a lo largo del Ferrocarril clandestino.

Sin embargo, antes de continuar, tómese un momento para considerar los términos utilizados en este libro.

En el pasado, los libros históricos sobre el Ferrocarril clandestino utilizaban los términos esclavo, amo y propietario. Muchos de nosotros crecimos con estos mismos términos cuando aprendimos historia de Estados Unidos en la escuela.

Aunque no se trata necesariamente de palabras inapropiadas, se ha tenido muy en cuenta la forma en que los términos retratan a los negros y su lucha por la libertad y la igualdad.

Referirse a los afroamericanos como «esclavos» reduce su existencia a simplemente eso: nada más que esclavos. Les otorga un estatus estrechamente definido. En este libro, queremos compartir la realidad de quiénes eran estas personas. Eran madres, padres, hermanos y hermanas. Tenían esperanzas y sueños. Iban a trabajar; volvían a casa y descansaban. Sentían dolor; anhelaban la libertad. Eran plenamente humanos y mucho más que esclavos o la propiedad de alguien.

En cambio, cuando se leen las palabras «persona esclavizada», se obtiene una imagen completa. Se trata de un ser humano que resulta estar esclavizado. La persona esclavizada debe ser considerada en primer lugar como un ser humano, y solo en segundo lugar debemos considerar su estatus o sus luchas.

Cuando se encuentra con una persona en público, puede preguntarle: «¿Quién es usted?». Primero le darían su nombre y más tarde podría averiguar dónde trabajan. Nunca se acercaría a alguien que apenas conoce, o a alguien con quien comparte un respeto mutuo, y le preguntaría: «¿Qué es usted?».

El mismo proceso de pensamiento se aplica a los términos «esclavista» o «esclavizador». Referirse a ellos como «amos» o «esclavistas» implica que se puede poseer a un ser humano. En lugar de eso, mantenían legalmente a la persona como esclava, o la esclavizaban.

El Ferrocarril clandestino no era una vía de tren física. No tenía estación ni vagones. Sin embargo, en las páginas siguientes conocerá a los valientes conductores de este ferrocarril invisible.

El famoso abolicionista Frederick Douglass dijo: «La vida y la libertad son los más sagrados de todos los derechos del hombre»[i]. Esta es quizá la declaración más elocuente de un abolicionista que resume lo que inspiró a tanta gente a luchar por su libertad y la de sus semejantes.

---

[i] Foner, Philip S., editor Taylor, Yuval, *Frederick Douglass, Frederick Douglass: Selected Speeches and Writings, editor.* (Chicago: Lawrence Hill Books, 1975),180.

Capítulo 1: Orígenes del Ferrocarril clandestino

No existe una fecha concreta en la que comenzara el Ferrocarril clandestino. En cambio, los turbios orígenes del Ferrocarril clandestino pueden vislumbrarse a lo largo de finales del siglo XVIII y principios del XIX, buscando pistas históricas, concretamente en forma de una mención aquí y allá en citas, discursos o cartas. Estas breves menciones suelen referirse a vías de escape facilitadas por abolicionistas, cuáqueros o negros libres. O puede encontrar una línea escrita en una carta de un esclavizador que hizo huir a una persona de su granja.

La primera de estas pistas silenciosas puede verse en una queja escrita por George Washington en 1786, cuando le molestó que unos cuáqueros religiosos hubieran intentado liberar a uno de los hombres esclavizados de su vecino[i].

Treinta años más tarde, un cuáquero llamado Isaac T. Hopper comenzó a organizar una red de escape en la ciudad de Filadelfia, destinada a ayudar a las personas esclavizadas a huir de su cautiverio. Aún no tenía un título oficial, pero fue una de las primeras rutas que empezaron a unir lo que un día se conocería como el famoso Ferrocarril clandestino.

---

[i] "El Ferrocarril clandestino". Los cuáqueros en el mundo.

Abolicionistas

Para comprender mejor los diferentes papeles que desempeñaron las personas a lo largo del Ferrocarril clandestino, es importante entender qué es un abolicionista y cómo fueron vitales para la red de casas seguras a lo largo de las rutas secretas que componían el Ferrocarril clandestino. Los abolicionistas son personas que luchan por la eliminación completa, o abolición, de una práctica injusta específica. En el caso de los abolicionistas del siglo XIX, lucharon por el fin completo de la esclavitud de los negros en Estados Unidos.

Los abolicionistas se oponían a la esclavitud en todos los frentes. Iba en contra de su código moral, por razones personales o religiosas. Sostenían que todo ser humano tenía el derecho natural a ser libre; por lo tanto, la esclavitud era una violación de los derechos humanos.

Trabajaron fervientemente para poner fin a la aceptación social de la esclavitud. Los abolicionistas también lucharon para cambiar las leyes que permitían a los hombres blancos poseer a seres humanos negros. Pidieron la emancipación inmediata de todas las personas esclavizadas.

Las sociedades antiesclavistas se formaron para difundir información y educar a la gente. En la época anterior a Internet, los teléfonos móviles y el correo electrónico, era necesario difundir la palabra a través de panfletos, volantes y reuniones secretas. Las sociedades antiesclavistas utilizaron estos métodos para ganar nuevos adeptos y hacer crecer su movimiento. Enviaron a gente a presionar al Congreso, se presentaron a cargos políticos y difundieron literatura antiesclavista por todo el sur de Estados Unidos.

También se pronunciaron públicamente con discursos y escritos publicados. Esto requería cierto valor, ya que los hombres ricos, propietarios de personas esclavizadas, no estaban dispuestos a permitir que nadie hablara en contra de su cómodo modo de vida. Los abolicionistas se enfrentaron a la reacción de sus amigos, familiares y vecinos, y a veces incluso fueron objeto de la violencia de las turbas o de arrestos.

La *desobediencia civil* es la terminología del método que utilizaron los abolicionistas para fomentar cambios en el sistema legal y la aceptación social de la emancipación de las personas esclavizadas. La desobediencia civil de los abolicionistas incluía negarse a cumplir las leyes que apoyaban la esclavitud. Finalmente, el acto más audaz de desobediencia civil consistió en participar en el Ferrocarril clandestino, lo que significaba ayudar a las personas esclavizadas a escapar del sur y viajar hacia el norte en busca de la libertad.

Todos los abolicionistas se enfrentaron a un dilema moral. ¿Era aceptable el incumplimiento de las leyes esclavistas si la esclavitud se consideraba inmoral? ¿Qué es peor: no cumplir las leyes de su país o cumplir una ley que causa un grave daño a otro ser humano? La respuesta a este dilema llevó a muchas personas, tanto blancas como negras, a unir sus fuerzas y facilitar el Ferrocarril clandestino. Para los abolicionistas, era mucho peor seguir leyes que causaban daño a otros.

Desde que las primeras personas esclavizadas pisaron el continente norteamericano a principios del siglo XVII, ha habido quienes se oponían a la institución de la esclavitud. En particular, en 1816, la Sociedad Americana de Colonización (American Colonization Society) decidió que un compromiso entre los abolicionistas y los partidarios de la esclavitud sería liberar a los esclavos y devolverlos a algún lugar de África. Con esta idea se pretendía acabar con la institución de la esclavitud sin liberar a miles de negros en la población de Estados Unidos.

En el año 1860, doce mil negros habían sido devueltos a África[i]. Esto se conoció como el movimiento de vuelta a África[ii]. Al parecer, no se consultó al pueblo afroamericano sobre este plan. En cambio, los europeos y los esclavistas blancos de Estados Unidos dieron por sentado que los pueblos esclavizados querrían regresar a África.

Este plan presentaba muchos problemas, el menor de los cuales era que África no es un país pequeño y homogéneo. África es un continente entero lleno de miles de aldeas, tribus y diversos grupos humanos. Las personas esclavizadas que fueron llevadas de África contra su voluntad procedían de diferentes zonas de este gran continente.

La segunda cuestión que se presentó podría ser obvia. En algunos casos, habían pasado varias generaciones desde que la familia de una persona esclavizada había estado en África. Estas personas habían perdido su lengua y su identidad cultural, por lo que ya no podían sobrevivir en los duros climas africanos de los que habían venido sus antepasados.

---

[i] "Movimiento abolicionista - Definición y abolicionistas famosos | HISTORY".

[ii] "Movimiento por el regreso a África".

En una nota relacionada, el movimiento de vuelta a África no comprendía ni tenía en cuenta la resistencia biológica a las enfermedades. Los afroamericanos que viajaron de vuelta a África murieron a menudo de enfermedades para las que no tenían inmunidad.

La tasa de mortalidad de los colonos afroamericanos que regresaron a África es la más alta de todos los colonos registrados en la historia de la humanidad. Por ejemplo, 4.571 llegaron al país africano de Liberia entre 1820 y 1843. De esas 4.571 personas, solo sobrevivieron 1.819. Cerca del 60 % de los colonos murieron.

Para muchos negros y afroamericanos, volver a una colonia africana no formaba parte de sus sueños y esperanzas. En cambio, deseaban permanecer en América, donde muchos de ellos habían nacido. Simplemente anhelaban ser libres y que se les permitiera vivir de la misma manera que vivía una persona blanca: en su propia casa, con un trabajo que pagara un salario justo.

Para algunos, el Ferrocarril clandestino era una opción viable para alcanzar la libertad. Estas valientes personas viajaban a menudo solas, pero se inspiraban en famosos abolicionistas negros como Harriet Tubman, Frederick Douglass, William Still, William Wells Brown, Sojourner Truth y Henry Highland Garnet. Sabrá más sobre la mayoría de estos hombres y mujeres, junto con algunos abolicionistas menos conocidos, en capítulos posteriores de este libro.

Cronología de la historia de la esclavitud en Estados Unidos

Antes de sumergirnos en las historias y luchas de los valientes hombres y mujeres que contribuyeron al Ferrocarril clandestino, es importante conocer bien la historia de la esclavitud en Estados Unidos. Esto le dará una imagen mental de la forma en que comenzó y terminó la esclavitud en todo el país, así como de los factores que contribuyeron a su auge y caída.

El precursor de la esclavitud en Estados Unidos fue el comercio portugués de esclavos, que comenzó en el siglo XV. Una vez establecidas las colonias en Norteamérica, Sudamérica y las Indias Occidentales, empezó a florecer una economía basada en las grandes plantaciones. Esto impulsó la necesidad de más personas esclavizadas: mano de obra barata en cantidades masivas para hacer funcionar estas grandes explotaciones. Entre los siglos XVII y XIX, más de doce millones de africanos fueron secuestrados y transportados por la fuerza a América en barcos.

A medida que la escala del comercio de esclavos se extendía y crecía, y los propietarios de las plantaciones a su vez se hacían más ricos, también aumentaba el conocimiento de la gente sobre la brutalidad de la esclavitud. Más gente llegó a comprender cómo sufrían las personas esclavizadas, y esto provocó reacciones emocionales en la población de todas las colonias y de los Estados Unidos primitivos. A partir de ahí, los abolicionistas se vieron impulsados a la acción.

Contemplar la historia de la esclavitud en Estados Unidos es ver el lento despliegue de una institución de barbarie, ya que el comercio de esclavos alimentó el ascenso de los ricos terratenientes a la riqueza y el poder. Junto a esta barbarie, también podemos ver el despliegue de la esperanza y ser testigos del poder del hombre común para luchar contra lo que considera moralmente inaceptable. A medida que lea la cronología que figura a continuación, busque estos dos hilos comunes que se entrelazan a lo largo de más de doscientos años de historia.

Cada año de esta línea del tiempo está marcado por un acontecimiento importante de la historia, ya sea la experiencia de una persona, una lucha entre esclavistas y personas esclavizadas o una ley aprobada.

1619

Este fue el año en que los primeros africanos fueron llevados a suelo norteamericano. Probablemente, fueron sacados de un barco negrero portugués y llegaron en un grupo de unos veinte africanos. Navegaron hasta Jamestown, Virginia, donde fueron rápidamente intercambiados por mercancías. Sin embargo, en ese momento no se los denominó esclavos. Fueron clasificados como sirvientes contratados.

1640

Tres sirvientes en régimen de servidumbre huyeron y fueron capturados. Dos de los sirvientes eran blancos. El tercero era un negro llamado John Punch. Los hombres blancos fueron asignados a servir más años como sirvientes contratados como castigo. ¿Pero John Punch? Fue condenado a ser un sirviente contratado de por vida, lo que lo convirtió en la primera persona esclavizada, la primera persona esclavizada en Virginia y en lo que se convertiría en Estados Unidos.

1641

Massachusetts legalizó la esclavitud, convirtiéndose en la primera de las colonias en reconocer la esclavitud de seres humanos como una práctica en la historia temprana de Estados Unidos.

1662

En Virginia se aprobó una ley que establecía que si la madre era esclava, el niño también lo sería, independientemente de quién fuera el padre. Este fue el primer paso hacia el desarrollo de los Códigos de Esclavitud de Virginia que se aplicarían en 1705.

1676

Tanto los blancos como los negros de Virginia se unieron para luchar bajo el mando de Nathaniel Bacon contra la élite de ricos terratenientes y el gobernador de Virginia en la rebelión de Bacon. Aunque la rebelión se desvaneció cuando Bacon murió repentinamente de enfermedad, sirvió como una importante llamada de atención para los ricos. Al darse cuenta de que podían verse superados en número, empezaron a apresurarse a crear leyes más estrictas con respecto a la esclavitud y distinciones de clase más fuertes que darían poder a los ricos y mantendrían a los pobres débiles y separados unos de otros.

1688

El 16 de febrero de 1688, los cuáqueros de Pensilvania redactaron al unísono su propia resolución antiesclavista. Fue la primera resolución antiesclavista de cualquier grupo en la historia temprana de los Estados Unidos.

1705

En un avance histórico significativo, el Código de Esclavos de Virginia codificó el estatus de las personas esclavizadas en el estado. Codificar las leyes significa reunir todas las leyes y estatutos, organizarlos y hacerlos claros y accesibles para que sean fácilmente reconocidos y aplicados. Para los afroamericanos de Virginia, esto limitó aún más sus libertades, definiendo los derechos que los esclavistas tenían sobre ellos. En particular, el Código de Esclavitud de Virginia permitía a los esclavizadores castigar a sus esclavizados sin temor a repercusiones legales. También establecía recompensas específicas por la captura de personas esclavizadas fugitivas.

1712

En esa época, la población de la ciudad de Nueva York rondaba entre las seis mil y las ocho mil personas. Mil de esas personas estaban esclavizadas. El gobernador colonial de Nueva York, Robert Hunter, escribió sobre el comienzo de la rebelión. Dijo: «Un ... esclavo de un tal Vantilburgh prendió fuego [a un cobertizo] de sus amos, y luego, dirigiéndose a su lugar donde estaban los demás, salieron todos juntos con sus armas y marcharon hacia el fuego. Para entonces, el ruido del fuego se extendió por la ciudad y la gente empezó a acudir en masa. Al acercarse varios, los esclavos dispararon y los mataron»[i].

Durante la batalla para recuperar el control, nueve de los esclavistas blancos resultaron muertos. Otros seis sufrieron heridas graves. Mientras los negros huían, la milicia local fue despertada y se enviaron soldados inmediatamente para capturarlos. Localizaron a veintisiete personas escondidas en el pantano cercano.

Seis de los hombres se suicidaron antes que enfrentarse a un juicio. La mayoría de los demás fueron condenados y se enfrentaron a terribles y brutales ejecuciones públicas, que incluían ser quemados vivos o colgados con cadenas en el centro de la ciudad para que todos fueran testigos.

Esta batalla marcó un giro significativo en la vida de las personas esclavizadas que vivían en Nueva York. La ciudad reforzó sus leyes contra los negros, ya no les permitía poseer armas de fuego ni siquiera reunirse en grandes grupos. A los esclavistas se les permitía ahora golpear a los afroamericanos tanto como quisieran, siempre que no quedaran permanentemente mutilados.

Para disuadir a los esclavistas de liberar a sus esclavizados, se les exigía que depositaran primero una fianza de 200 dólares. Era una gran suma de dinero en aquella época. Nueva York ilegalizaría la esclavitud en 1799, a medida que los abolicionistas ganaban impulso en la zona. Sin embargo, la región siguió beneficiándose de los productos creados por las personas esclavizadas en el Caribe, como la melaza y el azúcar, hasta la época de la guerra de Secesión.

---

[i] Lewis, Danny: "La revuelta de esclavos de Nueva York de 1712 fue un sangriento preludio de décadas de penurias | Smart News | Smithsonian Magazine".

1770

Hemos llegado al comienzo de la Revolución estadounidense. Un negro fue una de las primeras personas asesinadas en los primeros días de la guerra revolucionaria.

Crispus Attucks recibió un disparo en el pecho por dos balas de mosquete disparadas por un rifle británico el 5 de marzo de 1770. Otros cuatro hombres murieron junto a él. Esto se conoció como la masacre de Boston.

Crispus Attucks era un hombre de ascendencia mixta. Era en parte afroamericano y en parte indígena americano. El apellido Attucks es de origen indígena. Proviene de la palabra de la tribu Natick para «ciervo». Originalmente, su nombre era Michael Johnson, que era o bien el nombre cristianizado que le dieron sus esclavizadores o un alias que adoptó para protegerse de ser recapturado tras su huida. Los historiadores han señalado un anuncio de una persona esclavizada fugada llamado «Crispas» en la *Gaceta de Boston*. Aparece como nacido en Framingham, Massachusetts. En el momento de su muerte, Attucks vivía en Nueva Providencia, Bahamas, como marinero.

El ataque y posterior muerte de Attucks se produjo cuando él y un grupo de otros marineros se reunieron para marchar a lo largo de King Street, en Boston, blandiendo garrotes y bolas de hielo para balancearse y lanzarlas contra los soldados británicos. Se desató el caos y los soldados dispararon sus mosquetes contra la multitud, matando a Attucks y a los otros cuatro hombres.

El ataque se produjo cuando aumentaban las tensiones entre los soldados británicos y los jornaleros. Los británicos a menudo quitaban los trabajos a tiempo parcial a los jornaleros, aceptando el trabajo por salarios más bajos.

El famoso John Adams, que en aquella época era abogado de la Corona británica, describió el ataque como iniciado por «una chusma abigarrada de muchachos descarados, negros y mulatos, *teagues* irlandeses y *jack tars* estrafalarios»[1]. Este lenguaje pretendía degradar a los atacantes, llamándolos gente de clase baja, negros o irlandeses y marineros no locales de la zona.

---

[1] Kidder, Adams, Weems, *History of the Boston Massacre, March 5, 1770: consisting of the narrative of the town, the trial of the soldiers and a historical introduction, containing unpublished.* (Albany: J. Munsell, 1870), 255.

Los soldados británicos y su oficial al mando fueron absueltos en el juicio, lo que contribuyó aún más a la creciente furia pública contra los soldados británicos que ocupaban Boston.

1775

El 14 de abril de este año se fundó la Sociedad para la Abolición de Pensilvania, señal de que un número creciente de ciudadanos de la región del norte estaban descontentos con la institución de la esclavitud y trabajaban para lograr cambios.

Cuando la batalla por la independencia se convirtió en una guerra a gran escala en 1775, alrededor de cinco mil hombres afroamericanos sirvieron en la lucha como soldados y marineros. Eran tanto hombres negros libres como personas esclavizadas. Sorprendentemente, recibieron un trato casi igual al de los soldados blancos, salvo que se les prohibió ostentar rangos superiores.

1776

El 4 de julio de 1776, el Congreso Continental adoptó la Declaración de Independencia, marcando el final de la guerra revolucionaria y el comienzo de Estados Unidos como país independiente de Gran Bretaña.

1793

El 12 de febrero de 1793, el Congreso aprobó la primera Ley del Esclavo Fugitivo. Esto hizo ilegal albergar a una persona esclavizada fugitiva o interferir con el arresto de un esclavo fugitivo.

1800

La primera gran rebelión de esclavos se planeó cerca de Richmond, Virginia, bajo el pretexto de una reunión religiosa. Sin embargo, una tormenta eléctrica retrasó los acontecimientos y dos miembros traicionaron a las personas esclavizadas que habían planeado participar. Hasta mil esclavos habían planeado participar en la rebelión.

1816

Fue el año en que se fundó la Sociedad Americana de Colonización para transportar a los negros liberados de vuelta a África. Se creó una colonia africana. Se convertiría en la República de Liberia en 1847.

1831

Nat Turner dirigió la rebelión de esclavos más conocida y brutal de la historia de Estados Unidos, en la que participaron unos 75 hombres negros. Mataron a sesenta blancos. La rebelión duró dos días, el 21 y el 22 de agosto. El 21, Turner y su banda de hombres llevaron a cabo sus ataques. El 22, los hombres blancos se vengaron, matando a tres docenas de hombres negros sin juicio previo y recuperando el control de la región.

Las comunidades sureñas temían nuevas revueltas. Para algunos, esto alentó la emancipación, ya que la gente empezaba a ver que la institución de la esclavitud podía no ser un modo de vida viable.

1839

Se produjo una revuelta de esclavos en un barco negrero llamado *La Amistad*. Esto provocó un debate político que terminó en una decisión histórica del Tribunal Supremo de Estados Unidos que declaraba libres a las personas cautivas a bordo de *La Amistad*. Tenían derecho a resistir el ser esclavizados ilegalmente.

1850

La Ley del Esclavo Fugitivo de 1850 fue un golpe para las personas esclavizadas y los abolicionistas que trabajaban por la libertad. Esta ley exigía que los las personas esclavizadas fugitivas fueran devueltos a sus dueños, sin importar dónde hubieran sido capturados. Esto significaba que las personas que escapaban hacia el norte, a estados donde la esclavitud había sido proscrita, ya no estaban a salvo. Podían ser perseguidos y devueltos al sur, enfrentándose a duros castigos.

La ley otorgó al gobierno federal la responsabilidad de encontrar y devolver a los fugitivos, lo que dio poder al Servicio de Marshals de Estados Unidos y a otros hombres federales de todo el país, organizando la devolución de las personas esclavizadas a sus esclavizadores como nunca antes.

La Ley de Esclavos Fugitivos de 1850 convirtió la frontera canadiense en el objetivo final de todas las personas que viajaban en el Ferrocarril clandestino, ya que este era el único lugar en el que ahora podían estar realmente a salvo y vivir como seres humanos libres.

1852

Este año se publicó el famoso libro *La cabaña del tío Tom,* una poderosa novela antiesclavista. Sin embargo, en todo Estados Unidos se representaron dramatizaciones basadas en el libro, que mostraban caracterizaciones perjudiciales de los negros y dieron lugar a la difusión de estereotipos comunes que persistirían mucho después del fin de la esclavitud en Estados Unidos.

1854

La Ley Kansas-Nebraska era un nuevo mandato que establecía que los colonos de los nuevos territorios de Estados Unidos decidirían si estas regiones se convertían en estados libres o esclavistas. En ese momento, el Partido Republicano, que se había formado recientemente, cobró fuerza y juró impedir que los nuevos estados se convirtieran en estados esclavistas. El Partido Republicano se convirtió rápidamente en el partido líder en casi todos los estados y territorios del norte, una victoria para las personas esclavizadas y los abolicionistas que trabajaban para liberarlas.

1857

En otro caso emblemático llamado *Dred Scott contra Sanford*, el Tribunal Supremo de Estados Unidos dictó una sentencia en la que declaraba que los negros no eran ciudadanos oficiales de Estados Unidos. Este caso también provocó que el Congreso no pudiera prohibir la esclavitud en ningún estado o territorio.

Dred Scott era un hombre negro libre que había nacido como persona esclavizada en Misuri y había sido trasladado por su esclavizador a Illinois, dejándolo residir en un estado donde la esclavitud había sido proscrita. Intentó comprar su libertad en el estado libre y le fue denegada, lo que condujo al juicio. La decisión del Tribunal Supremo significó que no tenía derecho a su libertad por el mero hecho de residir en un estado libre.

En un movimiento divisivo, el caso también echó atrás parte del Compromiso de Misuri, que había declarado libres los territorios al oeste de Misuri y al norte de la latitud 36°30', declarándolo inconstitucional.

1860 a 1861

En este momento de la historia, Abraham Lincoln fue elegido presidente. Las crecientes tensiones entre los estados esclavistas y los estados libres llegaron a un punto crítico, lo que llevó a los estados esclavistas del sur a separarse de la Unión.

Al comienzo de la guerra de Secesión, en 1860, la población negra según el censo era de 4.441.830 personas. De esas personas, 3.953.760

eran esclavos y 488.070 eran libres. Alrededor de 185.000 soldados lucharon por la Unión y por su libertad.

El 54º de Infantería Voluntaria de Massachusetts fue el primer regimiento totalmente negro reclutado entre los hombres del norte para el Ejército de la Unión. Su ataque más heroico fue contra Fort Wagner en Carolina del Norte.

1863

El 1 de enero de 1863, el presidente Lincoln emitió la Proclamación de Emancipación. Mientras la guerra seguía librando sus últimas batallas, esta proclamación significaba que si el norte ganaba la guerra, la esclavitud terminaría en los Estados Unidos de América.

1865

Dos largos años más tarde, el 6 de diciembre de 1865, se ratificó oficialmente la Decimotercera Enmienda a la Constitución de los Estados Unidos, poniendo fin a la institución de la esclavitud en el país.

Cómo recibió su nombre el Ferrocarril clandestino

Ahora que ha visto una línea de tiempo con los acontecimientos básicos de la historia de la esclavitud en Estados Unidos, podemos volver a nuestro tema original: el Ferrocarril clandestino.

El año en el que nos centramos ahora es 1842. En nuestra cronología, esto es después de la famosa revuelta de Nat Turner y antes de la brutal Ley de Esclavos Fugitivos de 1850. En ese momento, aún no se había dado un nombre oficial a las rutas clandestinas de huida desde el sur de Estados Unidos hacia los estados libres del norte y hacia Canadá.

Al menos, las rutas no tenían nombre hasta que Thomas Smallwood entró en escena.

Thomas Smallwood no es una figura muy conocida en la historia de los negros. De hecho, la mayoría de la gente de hoy en día nunca ha oído hablar de este hombre. Nació en 1801, en las afueras de la zona de Washington D. C., como persona esclavizada. En 1831, consiguió comprar su libertad.

Smallwood vivía como un hombre libre en 1842. Dirigía un inocuo negocio de fabricación de calzados desde su casa cerca de la capital de la nación, donde vivía con su mujer y sus hijos. Por la noche, Smallwood se dedicaba a coordinar y organizar docenas de viajes hacia la libertad de personas esclavizadas. Estas primeras rutas del Ferrocarril clandestino salían de Baltimore, alejándose de Washington y de los condados circundantes.

Smallwood era lo que podríamos llamar un conductor del aún sin nombre Ferrocarril clandestino. También fue un abolicionista declarado.

¿Recuerda los mitos comunes del Ferrocarril clandestino mencionados en la introducción de este libro? Uno de ellos decía: «El Ferrocarril clandestino estaba dirigido por abolicionistas, la mayoría de los cuales eran cuáqueros blancos».

Eso es falso. El Ferrocarril clandestino fue dirigido en su mayor parte por negros libres como Smallwood que vivían en todos los estados del norte, con la ayuda y el apoyo de cuáqueros blancos en ocasiones.

Thomas Smallwood también fue escritor. Escribía para un periódico abolicionista publicado en Albany, Nueva York[i]. Los escritos de Thomas eran brutalmente honestos. No se guardaba nada en su vitriolo hacia los esclavistas y también escribía abiertamente sobre los que habían logrado escapar al norte. Utilizó audazmente el nombre real de cada persona, excepto el suyo propio. Para protegerse a sí mismo y a su familia, escribió bajo seudónimo.

Durante muchos años, los artículos de Thomas Smallwood se perdieron en el tiempo, relegados a una polvorienta pila en un almacén de la Biblioteca Pública de Boston. Eso fue hasta que el periodista del *The New York Times* Scott Shane tropezó con ellos cuando investigaba para un libro sobre Thomas Smallwood[ii].

Entre los artículos de Smallwood, Shane encontró el primer uso publicado conocido del término «Ferrocarril clandestino» (también llamado Ferrocarril subterráneo).

La frase apareció por primera vez en un artículo publicado el 10 de agosto de 1842 en el periódico abolicionista *The Tocsin of Liberty*. Smallwood escribió con sorna y sarcasmo, diciendo a los esclavistas que su «propiedad ambulante» se había «marchado». Cuando empezó a hacer referencias a que las personas esclavizadas parecían desaparecer

---

[i] "Opinion | Cómo recibió su nombre el Ferrocarril Clandestino - The New York Times".

[ii] Shane Scott *Flee North: A Forgotten Hero and the Fight for Freedom in Slavery's Borderland*.

en el aire, bromeó diciendo que era como si se hubieran subido a un misterioso Ferrocarril clandestino y se los hubieran hecho desaparecer.

Esta sarcástica respuesta al número de afroamericanos que desaparecían se convirtió en un tema recurrente en los futuros artículos de Smallwood. Decía a los hombres blancos que echaban en falta a sus trabajadores que fueran a solicitar información sobre sus propiedades desaparecidas a la «oficina del Ferrocarril clandestino» en Washington. Entonces empezó a referirse a sí mismo como el «agente general de todas las ramas del Ferrocarril Clandestino Nacional».

Gracias a la dedicada investigación de Shane Scott, hemos descubierto esta verdad oculta sobre los orígenes del nombre del Ferrocarril clandestino. Scott continúa diciendo que investigó a fondo otras menciones del Ferrocarril clandestino en publicaciones, solo para descubrir que la mayoría de ellas se basaban en folclore o mitos y databan de mucho después de los mordaces artículos abolicionistas de Smallwood.

A medida que más y más abolicionistas leían la frase «Ferrocarril clandestino» en las publicaciones de Smallwood, el nombre empezó a extenderse como la pólvora. En solo unos años, el término «Ferrocarril clandestino» se utilizaba para referirse a los diferentes caminos hacia la libertad tomados por las personas esclavizadas en una amplia gama de artículos, libros y folletos.

Tanto los escritos como la incansable labor de Thomas Smallwood para organizar rutas de escape fueron fundamentales para dar a las personas esclavizadas el valor y el impulso que necesitaban para iniciar sus viajes hacia la libertad. Es importante reconocer que hombres como Smallwood quedan a menudo eclipsados en la historia por la labor más conocida de los aliados blancos que acudieron junto a los negros libres para ayudarlos como abolicionistas y conductores en el Ferrocarril clandestino.

El descubrimiento de los escritos de Smallwood, perdidos hace mucho tiempo, y su arduo trabajo entre bastidores es un ejemplo perfecto de por qué debemos mirar más allá de los amables relatos de historia blanqueada que hemos aprendido en la escuela. En cambio, debemos dedicar tiempo a profundizar para descubrir la verdad sobre el dolor y la esperanza que alimentaron el Ferrocarril clandestino a lo largo de sus vías invisibles hacia el norte.

Capítulo 2: Héroes anónimos del Ferrocarril clandestino

El latido del Ferrocarril clandestino fue impulsado por las mismas personas a las que existía para ayudar: Los hombres y mujeres negros que valientemente emprendieron peligrosos viajes hacia la libertad en el norte y aquellos que ya habían alcanzado la libertad, pero seguían arriesgando sus vidas para ayudar a acabar con la esclavitud.

Wilbur Siebert

Nuestra primera biografía breve es de una persona históricamente famosa. Aunque no es necesariamente un héroe desconocido, merece ser mencionado aquí como una persona significativa. En primer lugar, recopiló una gran cantidad de información de personas sobre sus experiencias con el Ferrocarril clandestino. En segundo lugar, hoy en día existe controversia en torno a una parte de la información que Siebert publicó. Quizá sin saberlo, Siebert desempeñó un papel importante en la perpetuación de algunos de los mitos que rodean al Ferrocarril clandestino y contribuyó al blanqueamiento de la historia.

¿Quién era Wilbur Siebert?

Wilbur Siebert fue profesor de historia en la Universidad Estatal de Ohio de 1891 a 1935 y profesor emérito de 1935 a 1961. Siebert publicó un famoso estudio en 1898 titulado *El Ferrocarril clandestino de la esclavitud a la libertad*. En este estudio, Siebert incluyó una colección de historias que recopiló sobre el Ferrocarril clandestino. Su método de investigación consistió en crear una encuesta de siete preguntas relacionadas con la esclavitud y el Ferrocarril clandestino. La llamó su Circular del Ferrocarril clandestino, que envió a las personas que habían participado en el Ferrocarril clandestino, o a sus amigos y familiares, en 1892.

Las preguntas de la circular eran las siguientes

1) ¿Qué ruta del Ferrocarril clandestino conoció o siguió? Indique los nombres y la ubicación de las estaciones y los nombres de los guardas de estación.

2) ¿En qué época estuvo activo el Ferrocarril clandestino?

3) ¿Cómo funcionaba el Ferrocarril clandestino y cómo se comunicaban entre sí sus miembros?

4) Comparta incidentes memorables, incluyendo las fechas, lugares y personas implicadas.

5) Indique su conexión personal y su historia con el Ferrocarril clandestino.

6) Comparta los nombres y direcciones de otras personas que conozca y que puedan estar dispuestas a aportar información sobre el Ferrocarril clandestino.

7) Haga una breve biografía sobre usted.

La respuesta que Siebert recibió de su Circular del Ferrocarril clandestino fue fenomenal. Recibió cientos de historias, anécdotas y detalles poco conocidos de las personas que habían respondido a su encuesta. Las respuestas se prolongaron tanto que Siebert siguió aceptando información hasta 1954.

Utilizó todas estas historias para escribir tres libros más sobre el Ferrocarril clandestino.

The Underground Railroad in Massachusetts se publicó en 1936. A continuación escribió *Vermont's Anti-Slavery and Underground Railroad Record* en 1937 y, por último, publicó The *Mysteries of Ohio's Underground Railroad* en 1951[i]. Hoy en día, su obra sigue siendo conocida como el estudio más completo del Ferrocarril clandestino.

Con el paso del tiempo, el Ferrocarril clandestino se convirtió en una especie de cuento chino de la historia estadounidense. Las historias se volvieron fantásticas o exageradas. La gente se enamoró de la idea de

---

[i] "Wilbur Siebert Historiador o fabulista | World History".

una misteriosa vía de escape, facilitada por personajes famosos como Harriet Tubman.

Los historiadores modernos empezaron a escudriñar algunos de los registros publicados por Siebert con el paso de los años. Algunos de los detalles parecían demasiado descabellados para ser ciertos, y aunque nada puede demostrarse completamente falso, se ha hecho evidente que el punto de vista importa a la hora de conocer la historia.

Siebert confiaba mucho en sus amigos y conocidos cuando recopilaba información, y estas personas eran, como él, en su mayoría hombres blancos. Esto sesgó la perspectiva en sus publicaciones, dejando fuera el punto de vista en primera persona de hombres y mujeres negros reales que experimentaron la esclavitud y arriesgaron sus vidas escapando a lo largo del Ferrocarril clandestino.

Siebert afirmaba que miles de abolicionistas blancos ayudaron a las personas esclavizadas fugitivas en su ruta de huida hacia el norte. Esta afirmación ha sido algo desacreditada por los historiadores en el presente. Es poco probable que las personas esclavizadas confiaran automáticamente en una persona blanca, que podía devolverlas a sus esclavizadores en cualquier momento, ¡por no mencionar que era ilegal que una persona blanca ayudara a alguien que intentaba escapar de la esclavitud! En el sur, una persona que ayudara a un fugitivo sería condenada a penas de cárcel y se enfrentaría a la violencia de sus amigos y vecinos. El derecho a la libertad de expresión, protegido por la Constitución, fue audazmente suprimido en 1836, cuando se dio una orden que prohibía a los abolicionistas ser escuchados o que sus peticiones fueran leídas en el Tribunal Supremo. Incluso en el norte, los abolicionistas se enfrentaban al ostracismo de sus comunidades, por lo que era poco probable que existiera una gran comunidad clandestina de blancos que corrieran a ayudar a los negros que buscaban la libertad.

Al leer información histórica sobre personas marginadas como las que viajaron en el Ferrocarril clandestino, siempre es importante considerar cuidadosamente el sesgo y el punto de vista de sus fuentes, incluyendo si son fuentes primarias con relatos de primera mano o fuentes secundarias que son relatos de otras personas.

La historia suele ser contada por los vencedores o repetida desde el punto de vista de la persona más ruidosa de la sala. Buscar las historias de los desvalidos y los héroes anónimos nos dará una versión más precisa y completa de lo que vivió la gente.

Lo que queda es la necesidad de que los historiadores modernos estudien detenidamente la información y los relatos que Siebert recopiló y publicó desde un punto de vista objetivo para determinar qué es verdad y qué equivale a recuerdos sentimentales o memorias borrosas.

William Still

Uno de los relatos históricos más importantes que tenemos sobre el Ferrocarril clandestino fue escrito por William Still. Publicado en 1872 y titulado simplemente *El Ferrocarril clandestino*, este libro ofrece muchos relatos en primera persona sobre las experiencias de las personas esclavizadas en la esclavitud, y los peligrosos viajes que emprendieron para llegar al norte y alcanzar la libertad, incluyendo escapadas casi mortales.

El libro contiene relatos de primera mano de 649 personas

William Still[1]

esclavizadas que arriesgaron sus vidas escapando hacia la libertad, junto con información e historias de conductores del Ferrocarril clandestino y abolicionistas famosos. William Still también incluyó su colección de notas de rescate, cartas y memorandos para acompañar los relatos.

Debido a sus fuentes en primera persona, el libro de William Still se considera mucho más preciso desde el punto de vista histórico que el libro más conocido de Wilbur Siebert.

¿Quién era William Still, aparte de un autor?

Still nació el 7 de octubre de 1821 en el condado de Burlington, Nueva Jersey, como una persona libre. Era el benjamín de su familia, el menor de dieciocho hermanos. Su padre, Levin Still, había comprado su libertad años antes, y su madre, Charity Still, había escapado de la esclavitud en Maryland al estado libre de Nueva Jersey.

Los padres de Still lo educaron para que fuera muy consciente de los horrores de la esclavitud en el sur. Educaron a sus hijos para que se sintieran orgullosos de su duro trabajo y les enseñaron a mantener la determinación de triunfar incluso cuando se enfrentaban a la adversidad.

Ya adulto, William Still se casó con Letitia George y se trasladó a Filadelfia. Tuvieron cuatro hijos juntos. Still fue contratado por la Sociedad para la Abolición de la Esclavitud de Pensilvania, donde llegó a ser empleado. Fue el primer negro al que se le permitió ingresar en la sociedad y el primer negro que ocupó este importante puesto. Fue en ese momento cuando despegó su implicación en el Ferrocarril clandestino. Participó activamente en el Ferrocarril clandestino, ayudando a los fugitivos que llegaban a Filadelfia durante veinte años antes de la guerra de Secesión.

Tras la aprobación de la Ley del Esclavo Fugitivo en 1850, se reactivó el comité de vigilancia de la ciudad. El comité sirvió para ayudar a los buscadores de libertad en su viaje, y nombraron a William Still como presidente.

El primer gran logro en la vida de William Still fue enseñarse a sí mismo a leer y escribir. En aquella época, el simple hecho de aprender fonética y gramática básicas se consideraba un acto de rebeldía para los afroamericanos. Era ilegal que un negro aprendiera a leer y escribir, en un intento de mantenerlo ignorante y esclavizado.

Aprender a leer y escribir dio a William Still una ventaja en la vida. Comenzó a llevar registros comerciales y, lo que es más importante, empezó a coleccionar artefactos y relatos de primera mano de las personas esclavizadas que conoció como conductor en el Ferrocarril clandestino.

Escribió una carta a la prensa en 1859, para dar a conocer la discriminación que sufrían los afroamericanos cuando viajaban en los tranvías de Filadelfia. Más tarde publicó un discurso de veintiocho páginas sobre el mismo tema titulado *A Brief Narrative of the Struggle for the Rights of the Colored People of Philadelphia in the City Railway Cars (Breve narración de la lucha por los derechos de la gente de color de Filadelfia en los vagones del ferrocarril urbano)*. El 8 de abril de 1867, su discurso fue leído ante un numeroso público en el Liberty Hall de la calle Lombard de Filadelfia.

---

[1] William Still: Un abolicionista afroamericano.

William Still siguió luchando por la igualdad del hombre negro mediante la investigación continua, la escritura y la participación en el activismo, incluso después de la guerra de Secesión, hasta su muerte en 1902.

Josiah Henson

Josiah Henson nació como persona esclavizada en 1789. Creció en Maryland y fue vendido junto a su padre y sus cinco hermanos a un nuevo esclavizador en Kentucky. Describe el dolor y la pena de ser apartado a la fuerza de su familia en su libro *The Life of Josiah Henson: Formerly a Slave, Now an Inhabitant of Canada, as Narrated by Himself (La vida de Josiah Henson: Antiguo esclavo, ahora habitante de Canadá, narrada por él mismo)*.

Henson se hizo predicador metodista mientras era esclavo en Kentucky. Se casó con una mujer llamada Charlotte y tuvo cuatro hijos con ella. En septiembre de 1830, las cosas en la vida de Henson

Josiah Henson[2]

llegaron a un punto crítico, ya que intentó comprar su libertad y fracasó. Temiendo ser vendido lejos de su familia en el sur profundo de Nueva Orleans, Henson decidió, en cambio, tomar la valiente decisión de huir del sur con su familia.

Cogió a su mujer y a sus hijos y escaparon a través del río Ohio hacia Indiana. Desde allí, llegaron más al norte, a Canadá. Henson anotó la fecha en que su familia cruzó la frontera canadiense hacia la libertad. Fue el 28 de octubre de 1830.

Una vez en Canadá, Henson se convirtió en abolicionista. Puso en marcha planes para hacer todo lo posible por ayudar a las personas esclavizadas en Estados Unidos. Henson fundó el Asentamiento Dawn. Se trataba de un lugar destinado a albergar a los colonos negros recién llegados a Canadá tras huir de la esclavitud. Para ayudar a estas personas a empezar una nueva vida, el Asentamiento Dawn les enseñaba oficios valiosos para que pudieran hacer carrera en su nueva patria.

En su relato, Josiah escribió sobre los múltiples viajes que hizo para cruzar la frontera con Estados Unidos, donde visitó a muchos autores famosos y abolicionistas.

Henry Wadsworth Longfellow menciona haber dado dinero para la causa a Henson muchas veces a lo largo de los años. También describe una visita de Henson a su casa de Cambridge, Massachusetts, escribiendo lo siguiente en una entrada de su diario de 1846: «Por la tarde, el señor Henson, un negro, antes esclavo y ahora predicador, me visitó para conseguir una suscripción para la escuela de Dawn, en el Alto Canadá, para la educación de los negros. Tuve una larga charla con él y me contó cómo escapó de la esclavitud con su familia»[i].

También se dice que Harriet Beecher Stowe basó su personaje Tío Tom, del libro *La cabaña del tío Tom*, en Josiah Henson.

Ayudó a cientos de personas tanto a alcanzar la libertad como a iniciar exitosamente nuevas vidas tras su huida. Henson vivió lo suficiente para presenciar la guerra de Secesión y ver el fin de la esclavitud en Estados Unidos. Murió en Dresden, Ontario, Canadá, en 1883.

Rev. Leonard Grimes

Leonard Grimes nació en Leesburg, Virginia, en 1815. Sus padres eran afroamericanos libres. Grimes hizo un viaje por el sur de Estados Unidos, donde quedó totalmente horrorizado ante la realidad de la esclavitud de los afroamericanos. Fue después de este viaje cuando Grimes se convirtió en abolicionista. Juró hacer todo lo que estuviera en su mano para ayudar a las personas esclavizadas en su viaje hacia la libertad.

L. A. GRIMES.

Leonard Andrew Grimes [s]

En la década de 1830, Grimes puso en marcha un negocio de carruajes en el Distrito de Columbia. No tardó en descubrir que era una excelente forma de participar en el creciente

---

[i] Josiah Henson (Servicio de Parques Nacionales de EE. UU.).

Ferrocarril clandestino. Tras ayudar a cientos de buscadores de la libertad en sus rutas de escape, Grimes fue arrestado y sentenciado en 1839. Fue condenado a dos años de trabajos forzados en la penitenciaría de Richmond. Antes de ser liberado, tuvo que pagar una multa de 100 dólares, que era una importante cantidad de dinero para la época.

Después de esto, Grimes abandonó el Distrito de Columbia con su familia y se trasladó a New Bedford, Massachusetts, antes de establecerse finalmente en Boston. Allí, Grimes se convirtió en ministro bautista en la Duodécima Iglesia Bautista. Trabajando con su iglesia, que contaba con muchas personas anteriormente esclavizadas entre sus miembros, Grimes se esforzó por proporcionar fondos a los que buscaban la libertad y a los que se encontraban ante los tribunales por el delito de escapar de la esclavitud.

Grimes y su congregación llegaron a ser conocidos como «La Iglesia de los esclavos fugitivos». Reunieron a la comunidad negra y abolicionista de Boston para implicarse en todos los casos de esclavos fugitivos que llegaban a los tribunales. Participaron en el infame caso de Anthony Burns, recaudando dinero para viajar a Baltimore, donde reunieron más fondos para comprar la libertad de Anthony Burns.

«Gran parte de lo que llamamos el Ferrocarril clandestino fue en realidad operado clandestinamente por los propios afroamericanos a través de comités de vigilancia urbana y escuadrones de rescate que a menudo estaban dirigidos por negros libres», afirma David Blight en su libro *Passages to Freedom: The Underground Railroad in History and Memory (Pasajes hacia la libertad: El Ferrocarril clandestino en la Historia y la Memoria)*.

Leonard Grimes fue un ejemplo perfecto de ello.

Grimes también ayudó a luchar por la creación de un regimiento negro para combatir en la guerra de Secesión. Sus acciones contribuyeron a la fundación del 54.º Regimiento de Infantería de Massachusetts en 1863, que fue uno de los primeros y más destacados regimientos de infantería formado por hombres negros.

Leonard Grimes murió en 1873, habiendo pasado la mayor parte de su vida como orgulloso abolicionista y conductor del Ferrocarril clandestino, ayudando a muchos de sus hermanos y hermanas negros en

---

Gates Jr, Louis Henry Mitos sobre el Ferrocarril clandestino | Blog de historia afroamericana | Los afroamericanos: Muchos ríos que cruzar.

su búsqueda para alcanzar la seguridad y la libertad en Canadá.

Lewis Hayden

Lewis Hayden nació como persona esclavizada en Kentucky. Se casó con Esther Harvey, que fue vendida, junto con el hijo de ambos, al famoso senador de Kentucky Henry Clay. Luego fue vendida de nuevo a otra persona, y Lewis nunca volvió a ver a su mujer ni a su hijo.

En 1842, Hayden se casó por segunda vez con una mujer llamada Harriet Hayden. Unos años más tarde, la pareja escapó y viajó al norte hacia la libertad, junto con su hijo Joseph. Primero fueron a Detroit y luego a Canadá. Tuvieron una hija llamada Elizabeth, y juntos

Lewis Hayden[4]

decidieron regresar como una familia a Estados Unidos para luchar por la libertad de otros afroamericanos esclavizados. Se establecieron en Boston, Massachusetts, y abrieron una exitosa tienda de ropa.

Lewis Hayden llegó a ser una figura influyente como parte de la comunidad negra de Boston en Beacon Hill, así como un destacado abolicionista. Hayden formó parte del Comité de vigilancia de Boston, formando parte del comité ejecutivo insular. El objetivo del comité era evitar que las personas esclavizadas fugitivas fueran capturados y devueltos a la esclavitud.

Hayden utilizó su propia casa como lugar de reunión para los abolicionistas, como casa segura para las personas esclavizadas que seguían el Ferrocarril clandestino hacia el norte y como lugar para facilitar el transporte de los que viajaban. También recogió ropa donada y fondos para ayudar a la gente en su viaje hacia el norte desde Boston.

Tuvo varios encontronazos notables con la ley. En un momento dado, él y su esposa Harriet proporcionaron un refugio seguro a William y Ellen Craft. Habían escapado de la esclavitud en Georgia unos años antes y se habían instalado felizmente en Boston como huéspedes en casa de los Hayden... hasta que la Ley del Esclavo Fugitivo permitió a los cazadores de esclavos entrar en el estado libre de Massachusetts para perseguirlos. Se emitieron órdenes de arresto contra ellos en un intento de obligar a la pareja a regresar a la esclavitud en el sur.

Los Hayden atrincheraron la puerta de su casa, amenazando a los cazadores de esclavos que perseguían a los Craft, negándose a dejar que se los llevaran. Craft y Hayden hicieron saber a los aguaciles que tenían un barril de pólvora bajo la casa y que estaban preparados para encender la mecha en cualquier momento si los cazadores de esclavos rompían la puerta. Su determinación y sus amenazas fueron tan fuertes que los aguaciles suspendieron la caza de William y Ellen Craft. Los Craft escaparon más tarde a Inglaterra.

La casa de los Hayden es ahora un lugar histórico nacional en el número 66 de la calle Phillips (antes Southac) de Boston[i].

Lewis Hayden también participó en los intentos de liberar a Shadrach Minkins, también conocido como Frederick Wilkins, del tribunal de Boston en 1851, operación que tuvo éxito. De nuevo ayudó a intentar liberar a Anthony Burns en 1854.

Además de las actividades abolicionistas, Hayden trabajó con otros destacados líderes de la comunidad por la igualdad y la libertad de los negros. Luchó por la integración de las escuelas públicas de Boston, trabajando junto a William Cooper Nell.

Llegó a ser el mensajero del secretario de Estado en la década de 1850. Se trataba de un puesto importante, de designación política, que convirtió a Lewis Hayden en uno de los primeros empleados negros del estado de Massachusetts. Este puesto dio a Hayden la posibilidad de acercarse y hablar con muchos líderes de alto nivel, lo que fue esencial para impulsar la agenda abolicionista, educando e incluso presionando a los líderes para que aprobaran leyes que apoyaran la igualdad y la integración. Hayden fue el mensajero del secretario de Estado de Massachusetts durante treinta años.

Hayden reclutó con orgullo a hombres negros para el 54.º Regimiento de Infantería de Massachusetts durante la guerra de

---

[i] Casa de Lewis y Harriet Hayden - Lugar histórico nacional afroamericano de Boston (Servicio de Parques Nacionales de EE. UU.).

Secesión. Una vez finalizada la guerra, continuó su labor. Entró a formar parte del Tribunal General de Massachusetts, siendo uno de los primeros miembros negros. Se trataba de un cargo electo como representante en la legislatura del estado de Massachusetts.

Sin embargo, el inspirador e influyente Lewis Hayden no se detuvo ahí. Siguió siendo un defensor de los desvalidos, implicándose en la lucha por la igualdad junto a las mujeres en el movimiento sufragista, trabajando por el derecho al voto femenino. Cuando se le preguntó por qué había decidido formar parte de la lucha por el sufragio femenino, se refirió al apoyo que los abolicionistas recibieron de las mujeres y dijo: «Mi raza nunca podrá pagar la deuda que tenemos con ellas [las sufragistas]. Sería realmente un ingrato si no trabajara y votara por la emancipación de las mujeres».[i]

Henry Brown

También conocido como Henry «Box» Brown, Henry Brown es famoso por pedir a un tendero que lo ayudara a llegar a la libertad viajando en una caja de transporte como si fuera un paquete de mercancías.

Brown nació en 1815 en Virginia como persona esclavizada. No conocemos muchos detalles sobre sus primeros años de vida. A los quince años fue enviado a Richmond, Virginia, para trabajar en una fábrica de tabaco. Se casó y tuvo cuatro hijos, pero para su gran pesar, su mujer y sus

Henry Box Brown[5]

hijos fueron vendidos más al sur, en Carolina del Norte. Después de que vendieran a su familia, Brown tomó la determinación de abandonar el sur y escapar hacia la libertad.

[i] 1873 House Bill 0122. Resolve Providing For An Amendment Of The Constitution To Secure The Elective Franchise And The Right To Hold Office To Women, Massachusetts State Library, https://archives.lib.state.ma.us/handle/2452/742347;

"Lewis Hayden Obituary," *The Woman's Journal* (13 de abril de 1889), Schlesinger Library, Radcliffe Institute, Harvard University, https://iiif.lib.harvard.edu/manifests/view/drs:490204444$123i.

Trabajó con un compañero de la iglesia, James Caesar Anthony Smith, para idear el atrevido plan. Decidieron que Brown podría sellarse a sí mismo dentro de un cajón de madera de solo 94 centímetros de largo, 76 centímetros de alto y 61 centímetros de ancho. El cajón tenía tres agujeros perforados para el aire. Brown decidió que, para estar seguro, llevaría una herramienta para hacer más agujeros de aire mientras viajaba en la caja de transporte. También llevaba agua para beber.

Con la ayuda de un conocido blanco llamado Samuel Smith, Henry Brown fue encerrado en el cajón forrado de tela y enviado a su destino. El 23 de marzo de 1849, Brown fue enviado como paquete desde Virginia a la Sociedad Antiesclavista de Pensilvania, en Filadelfia. Su caja pesaba unos noventa kilos y estaba etiquetada como «mercancía seca».

El viaje duró veintisiete horas en total.

Por el camino, la caja se volcó dos veces. En un momento dado, Brown quedó atrapado boca abajo durante 30 kilómetros. En su relato, describe la experiencia:

> «Sentía que mis ojos se hinchaban como si fueran a salirse de sus órbitas; y las venas de mis sienes estaban terriblemente distendidas por la presión de la sangre sobre mi cabeza»[i].

Mientras Brown se arrastraba fuera de su caja, recitó un salmo de la Biblia en agradecimiento por su llegada a salvo. Poco después de llegar a Filadelfia, Brown fue enviado a Nueva York. Desde allí, viajó a New Bedford, Massachusetts, donde se unió a otros abolicionistas en sus esfuerzos por apoyar a las personas esclavizadas y a las que empezaban una nueva vida en libertad.

Brown decidió inspirar a otros para que pensaran en formas creativas de escapar, viajando por Nueva Inglaterra y realizando una representación de su experiencia. Un editor de Boston llamado Charles Stearns publicó una versión de la fuga de Henry Brown. El relato fue tan popular que se convirtió en la historia de un fugitivo más conocida y repetida de la historia de Estados Unidos.

La Ley del Esclavo Fugitivo obligó al conocido Brown a huir de nuevo, esta vez cruzando el océano hasta ponerse a salvo en Inglaterra.

---

[i] Brown Box, Henry *Narrativa de la vida de Henry Box Brown, escrita por él mismo.*

Tras vivir allí poco tiempo, se casó de nuevo y tuvo un hijo. Los críticos difundieron habladurías, diciendo que Brown debería de haber localizado a su mujer y a sus cuatro hijos en Carolina del Norte y haber intentado comprar primero su libertad.

Una vez que estuvo a salvo, en 1875, Brown regresó a Estados Unidos. Continuó viajando dando espectáculos. Sin embargo, esta vez utilizó la caja de su fuga original para crear un espectáculo de magia.

No existen detalles registrados sobre la muerte de Brown. Solo sabemos que su último espectáculo fue el 26 de febrero de 1889. Henry «Box» Brown sigue siendo una de las personas más populares que escaparon de la esclavitud de una forma única y creativa.

Aliados blancos del Ferrocarril clandestino

Aunque nos esforzamos por contar los importantes relatos de primera mano de los negros libres y personas esclavizadas que siguieron el Ferrocarril clandestino hacia la libertad, algunos aliados blancos también desempeñaron papeles esenciales ayudando a la gente en sus viajes hacia el norte, como John Rankin, Levi Coffin y Robert F. Wallcut. Estas son sus historias.

Levi Coffin

Levi Coffin nació el 28 de octubre de 1798 en el seno de una familia cuáquera que no creía en la posesión de esclavos. La familia Coffin vivía en Carolina del Norte, donde Levi vio a personas esclavizadas en su vida cotidiana.

Levi Coffin[6]

La familia Coffin comenzó a ayudar a las personas esclavizadas fugitivas alimentándolos en su granja familiar. En 1821, William intentó abrir una escuela para personas esclavizadas, planeando enseñarles a leer y escribir, pero la escuela fracasó, ya que a ninguna persona esclavizada se le permitió asistir.

Levi Coffin se trasladó entonces a Indiana, donde ayudó a más de 2.000 personas esclavizadas en su camino hacia el norte. Su casa se ganó el apodo de «Gran Estación Central» debido al número de personas a las que ayudó.

En 1847, Coffin se trasladó a Cincinnati. Allí fundó la Western Free Produce Association, que solo vendía artículos producidos por personas libres. También estableció su nuevo hogar como otra parada del Ferrocarril clandestino.

Tras la guerra de Secesión, Coffin recaudó una gran suma de dinero para la época. Consiguió reunir 100.000 dólares, que destinó a la Western Freedmen's Aid Society, que ayudaba a personas esclavizadas recién liberados a iniciar sus vidas.

John Rankin

John Rankin vivió de 1793 a 1886. Era un hombre blanco del sur que se convirtió en ministro presbiteriano.

Rankin se trasladó varias veces por el sur y acabó estableciéndose en Ripley, Ohio, donde estaba más a salvo de las amenazas. Trabajó incansablemente como conductor en el Ferrocarril clandestino y luchó por la libertad de los negros durante toda su vida.

John Rankin⁷

Una de sus historias más conocidas fue la vez, en 1838, que ayudó a una mujer que cruzaba el río Ohio llevando a su hijo de dos años. El río estaba parcialmente congelado en ese momento, lo que facilitaba un poco el paso, pero no por ello dejaba de ser extremadamente aterrador. Harriet Beecher Stowe utilizó esta historia para crear su personaje de Eliza Harris en la novela *La cabaña del tío Tom*.

Los enfurecidos habitantes de Kentucky sabían que Rankin estaba ayudando a su «propiedad» a escapar hacia la libertad. Atacaban con frecuencia su casa en Ohio e incluso pusieron una recompensa de 3.000 dólares por su cabeza.

Robert F. Wallcut

Robert F. Wallcut nació en 1797. Fue un bostoniano conocido por su activismo contra la esclavitud. También fue ministro unitario, graduado en Harvard en 1817. Viajó por todo Massachusetts predicando.

En la década de 1840, Wallcut se hizo famoso como abolicionista. La esclavitud había sido abolida en Boston y Massachusetts en 1783, lo que convirtió a la gran ciudad en un centro de actividad para los buscadores de libertad que huían de sus esclavizadores en los estados del sur. Wallcut estuvo a la altura de las circunstancias, luchando por la justicia social. Fue miembro de la Sociedad de Massachusetts para la Abolición de la Pena Capital y de la Sociedad de No Resistencia de Nueva Inglaterra y trabajó para la Sociedad Antiesclavista de Massachusetts.

Como miembro de la Sociedad Antiesclavista de Massachusetts, fue secretario de actas durante más de una década. Sin embargo, el mayor logro de Wallcut y su mayor contribución al movimiento antiesclavista fue su dedicación a la publicación abolicionista llamada *The Liberator*. Wallcut escribió para The *Liberator* desde 1846 hasta 1865.

Wallcut utilizó *The Liberator* para ayudar a organizar la ayuda a los buscadores de la libertad: personas esclavizadas que huían, rumbo a la libertad en el norte. En *The Liberator*, Wallcut escribió que quienes desearan aportar fondos o ropa podían enviarle sus contribuciones directamente a la oficina principal de *The Liberator*. Él entregaba todo lo recaudado a las personas que necesitaban aparecer bien vestidas para que se mezclaran con la sociedad del norte y no parecieran fugitivos empobrecidos.

Mezclarse con la multitud era especialmente importante para los buscadores de libertad tras la aprobación de la Ley del Esclavo Fugitivo en 1850.

Su petición de ayuda al público en *The Liberator* en octubre de 1850 decía lo siguiente:

«Alarmados por la aplicación de la nueva Ley del Esclavo Fugitivo, los fugitivos de la esclavitud están avanzando hacia el norte... Vienen a nosotros en números cada vez mayores y buscan nuestra ayuda. Oprimidos por la tiranía de un gobierno sin corazón y que desafía a Dios, ¿quién les ayudará? Su primer y más ferviente deseo es un empleo... Ayúdennos, entonces, todos ustedes que son amigos de los fugitivos, a extenderles esta caridad, esta simple justicia. Que todos los que sepan, o puedan saber de lugares que puedan ser ocupados por estos hombres, mujeres y jóvenes, informen por carta o de otra manera, a Robert F. Wallcut, o a Samuel May, Jr., 21 Cornhill, Boston... se les hace este llamamiento. ¿No puede encontrar, o procurar, uno o más lugares donde el esclavo cazado pueda morar con seguridad, y trabajar durante el invierno?... Muchos de los fugitivos vienen muy mal provistos de ropa; y aquellos que tengan prendas de algún tipo de sobra, se asegurarán de conferirlas a los que sufren y a los necesitados enviándolas, marcadas "Para fugitivos", al 21 de Cornhill, como se indica arriba»[i].

Wallcut no solo escribía para *The Liberator.* También ayudó a publicar el periódico y trabajó como agente para conseguir otros escritores. Facilitó la publicación de uno de los primeros libros de historia afroamericana conocidos, titulado *Colored Patriots of the American Revolution (Patriotas de color de la Revolución estadounidense)*, de William Cooper Nells, y de un segundo libro titulado *The Rendition of Anthony Burns*, de William I. Bowditch.

Wallcut fue más allá de la escritura. También fue un abolicionista que participó en el Comité de Vigilancia de Boston. Hoy en día, podemos echar un vistazo a los registros del Comité de Vigilancia de Boston y ver que Wallcut ayudó a 44 buscadores de la libertad que fueron nombrados. También ayudó a muchas personas que permanecen sin nombre, dándoles cosas como ropa o muebles para que pudieran establecer una vida en los alrededores de Boston o pasajes a Canadá mientras ultimaban sus planes de huida.

Wallcut escoltó a la famosa Harriet Beecher Stowe, autora del libro *La cabaña del tío Tom,* a reunirse con trece buscadores de la libertad en una casa segura en 1853.

Cuando la guerra de Secesión terminó y la necesidad de abolicionistas se desvaneció, *The Liberator* sacó su último número en diciembre de 1865, citando a Robert F. Wallcut como un «honrado y fiel agente general, que puso su corazón en su trabajo»[ii].

Los héroes anónimos mencionados en las pequeñas biografías anteriores son solo una parte de los valientes hombres y mujeres que

---

[i] "A los Amigos del Fugitivo", *The Liberator,* 18 de octubre de 1850.

[ii] *The Liberator,* 29 de diciembre de 1865.

participaron en el Ferrocarril clandestino. Miles de otros nunca serán mencionados en los libros de historia, y otros de los que aún no hemos hablado se han hecho famosos.

En los capítulos siguientes hablaremos de abolicionistas más famosos y de buscadores de la libertad como Frederick Douglass. Puede que se haya dado cuenta de que en este capítulo solo se ha hablado de los hombres que formaron parte del Ferrocarril clandestino. A continuación, conocerá a las valientes mujeres que arriesgaron sus vidas tanto para escapar hacia la libertad como para ayudar a los demás, entre ellas las conocidas Harriet Tubman, Sojourner Truth, Mary Ann Shad Cary, Harriet Beecher Stowe y Ellen Craft.

Capítulo 3: El papel de las casas seguras y los códigos secretos

Un aspecto que añade intriga y emoción a las historias de huidas por los pelos y viajes secretos hacia la libertad son los detalles que rodean a los códigos secretos y las historias de habitaciones «seguras» ocultas en las casas a lo largo de las rutas del Ferrocarril clandestino.

Con el tiempo, estos detalles se han convertido en cuentos fantásticos, que se suman al aspecto hollywoodiense de las historias más populares. ¿Qué es cierto y qué es mítico? A veces puede resultar difícil diferenciarlo. En algunos casos, existen excelentes registros escritos y relatos de primera mano, y en otros, la historia se ha visto enturbiada por la propaganda y la sabiduría popular.

Uno de los mitos más extendidos sobre los códigos secretos gira en torno al uso del simbolismo cosido en las colchas que se colgaban para que los buscadores de la libertad y los abolicionistas las vieran fuera de las casas seguras del Ferrocarril clandestino. La idea básica del «código del edredón» es que los patrones de formas que suelen verse en los edredones de retazos se utilizaban para señalar mensajes.

El significado de los patrones, las formas en que la gente a lo largo del Ferrocarril clandestino utilizó los edredones e incluso quién utilizó específicamente estos edredones no están claros. Un estudio exhaustivo del «código de los edredones» descubrió que existían al menos quince versiones diferentes ampliamente conocidas de la historia. Ni una sola persona ha podido aportar pruebas directas de que se utilizaran edredones; tampoco nadie ha podido nombrar a un antepasado que utilizara códigos de edredones en su viaje hacia el norte, hacia la libertad. Parece que la única información es solo una historia que alguien contó y transmitió.

Usted podría decir: «Bueno, a veces es así como funciona la historia oral». La historia oral se basa en historias compartidas entre amigos y familiares, ¿verdad?

Los historiadores han estudiado más a fondo y han descubierto que algunos elementos utilizados en estas historias de «códigos de edredones» eran patrones de acolchado que empezaron a utilizarse en la década de 1930, mucho después de que el Ferrocarril clandestino cesara sus operaciones. Incluso las descripciones de los símbolos africanos en las colchas y sus usos chocan con los significados de los símbolos africanos reales, lo que hace que la idea de «códigos de edredones» sea aún más fantástica.

Utilizar edredones para transmitir rutas de escape o advertencias parece haber sido una buena idea para suavizar el golpe de la brutal realidad del viaje por el Ferrocarril clandestino. La idea de los códigos de edredones es un bonito libro infantil y añade un elemento de bienestar al peligroso viaje hacia el norte.

En realidad, sí conocemos varios usos documentados de códigos para viajeros y abolicionistas[i]. Estos códigos tenían la forma de palabras clave utilizadas en las cartas. Un «agente» era la persona que coordinaba la huida. Esta persona hacía los planes, trazaba el viaje en el mapa y alineaba los contactos a lo largo de la ruta. El «conductor» era la persona que escoltaba a las personas esclavizadas, aunque ahora sabemos que muchas personas escaparon por su cuenta, huyendo hacia el norte sin un conductor que los guiara. Un «operador» podía ser tanto un conductor como un agente. La «calabaza para beber» se refería a la constelación de la Osa Mayor y a la Estrella Polar, que señalaba a los buscadores de libertad hacia el norte sin un conductor que los guiara. «Equipaje» se refería a las personas esclavizadas fugitivas, los buscadores de la libertad que eran transportados por el Ferrocarril clandestino. «Fardos de madera» era el número de buscadores de la libertad que se debía esperar que llegaran. Se habló de Canadá como «Canaán» o «la Tierra Prometida». El río Ohio fue rebautizado como el «río Jordán». El

[i] Códigos secretos del ferrocarril subterráneo: Harriet Tubman.

«tren del evangelio» o el «tren de la libertad» eran ambos nombres alternativos del Ferrocarril clandestino. Una «estación» era una casa segura, propiedad o dirigida por un «jefe de estación».

Las canciones como guías

Las canciones codificadas son otra parte bastante conocida de la historia del Ferrocarril clandestino que se enseña en la mayoría de las escuelas de Estados Unidos como parte de los cursos de historia del país. En primer lugar, los alumnos podrían aprender sobre Harriet Tubman y su papel en el Ferrocarril clandestino, guiando a la gente hacia la libertad. A continuación, se podría presentar a los alumnos una historia sobre códigos compartidos a través de canciones que ayudaban a los viajeros y a los buscadores de la libertad a saber adónde ir y cuándo viajar, inspirándolos en su viaje.

La más conocida de estas canciones se llama «Sigue a la calabaza para beber».

Según H.B. Parks, un folclorista aficionado, había un hombre llamado Peg Leg Joe que viajaba entre plantaciones. Peg Leg Joe era un jornalero, pero esto no era más que una tapadera para su verdadero propósito, que era compartir la canción de la calabaza para beber con la gente esclavizada de los alrededores de Mobile, Alabama.

La letra de la canción son instrucciones codificadas para escapar. Dan un mapa verbal que los buscadores de la libertad podrían seguir hacia el norte. En primer lugar, la letra codificada indica a la gente que salga de Mobile y remonte el río Tombigbee, para luego cruzarlo y encontrar el río Tennessee. Desde allí, deberían viajar río abajo hasta Paducah, Kentucky. Este es el lugar donde se unen los ríos Tennessee y Ohio.

La letra es la siguiente:

«Cuando el sol vuelva
y las primeras codornices llamen, sigue a la calabaza para beber.
Porque el viejo está esperando para llevarte a la libertad
si sigues a la calabaza para beber.

La orilla del río constituye un buen camino.
Los árboles muertos te mostrarán el camino.
Pie izquierdo, pie de clavija, viajando,
sigue la calabaza para beber.

El río desemboca entre dos colinas. Sigue la calabaza para beber.

Hay otro río al otro lado
Sigue la calabaza para beber.
Cuando el gran río se encuentra con el río pequeño
Sigue la calabaza para beber.
Porque el viejo está esperando para llevarte a la libertad
Si sigues a la calabaza para beber».

La «calabaza para beber» es también un nombre en clave para la constelación que ahora llamamos la Osa Mayor, que siempre apunta a la brillante Estrella Polar. Seguir la constelación en una noche oscura era una forma fácil de que la gente supiera que iba en la dirección correcta si se perdía o no estaba segura. La canción decía a la gente que siguiera los árboles muertos si afuera estaba muy nublado y no había estrellas en el cielo. Esto se debe a que el musgo siempre crece en el lado norte de un árbol en descomposición, señalando en qué dirección seguir viajando.

H.B. Parks afirma que la letra de «Sigue la calabaza para beber» le fue explicada por un informante negro que le detalló el funcionamiento secreto del Ferrocarril clandestino. Parks también dijo que él mismo escuchó la canción tres veces, en tres lugares diferentes: en Carolina del Norte en 1912, en Louisville en 1913 y en Texas en 1918.

La idea de que una canción espiritual de estilo afroamericano contuviera un mapa verbal oculto explotó de popularidad en Estados Unidos durante los años posteriores a la guerra de Secesión, a medida que empezaron a surgir historias y relatos sobre el Ferrocarril clandestino y se publicaron libros sobre el tema. Esto incluyó un número significativo de libros con historias que contenían la canción «Sigue la calabaza para beber». Las historias sobre la canción y las colchas codificadas se han consagrado en la cultura estadounidense, difundidas durante años por libros infantiles populares, películas y los planes de clases de los profesores de primaria.

Investigaciones recientes no muestran ninguna base factual para la existencia de Peg Leg Joe o el uso de esta canción como mapa para la huida. De hecho, la historia de Peg Leg Joe se publicó por primera vez en 1928, ¡y la canción fue publicada por un hombre blanco llamado Lee Hays, del cuarteto The Weavers, en 1947! Esto nos lleva a preguntarnos si las canciones que se dice que se cantaron a lo largo del Ferrocarril clandestino se utilizaron realmente como señales codificadas secretas. La respuesta a esto parece ser un cauto sí, aunque este uso no era ni mucho menos tan frecuente como nos han hecho creer nuestros profesores de tercer grado o los populares libros y películas infantiles.

Harriet Tubman posiblemente utilizó dos canciones en sus esfuerzos por conducir a la gente hacia la libertad. Fueron las canciones «Go Down Moses» y «Bound for the Promised Land». La propia Harriet Tubman ha dicho que cambiaba el tempo de estas canciones para indicar si era seguro salir de su escondite.

«Wade in the Water» es otra canción que se ha atribuido a Harriet Tubman y al Ferrocarril clandestino. No hay pruebas definitivas de que se utilizara esta canción. Sin embargo, la letra pretendía dar instrucciones a los buscadores de la libertad para que se metieran en el agua y así los sabuesos de los cazadores de esclavos no pudieran seguir su rastro y encontrarlos. La canción se ha incluido en innumerables álbumes y conciertos de espirituales africanos, incluida la primera grabación comercial de Paramount Pictures en 1925 y una famosa versión de *The Staple Singers* que se convirtió en parte del posterior movimiento por los derechos civiles.

En cuanto a otras canciones populares atribuidas al Ferrocarril clandestino, su uso durante esta época parece ser solo una leyenda. Por ejemplo, «Swing Low, Sweet Chariot» fue escrita por un nativo americano afro cheroqui que vivía en Oklahoma mucho después de la guerra de Secesión. Harriet Tubman nunca había oído esa canción.

Tan grande era el peligro para las personas esclavizadas que no dijeron a nadie, excepto a sus amigos más cercanos y a su familia, que planeaban marcharse. No hubo anuncios en grupo en las reuniones ni se corrió la voz por plantaciones enteras de que Harriet Tubman iba a llegar. Eso habría sido demasiado arriesgado, ya que el mensaje podría haber sido escuchado por casualidad o compartido por alguien dispuesto a delatar los planes de fuga al esclavizador.

Desentrañar la verdad sobre las canciones y los códigos utilizados a lo largo del Ferrocarril clandestino puede resultar difícil. Sin embargo, los historiadores actuales pueden encontrar información significativa en los periódicos antiesclavistas de antes de la guerra, así como en los relatos de primera mano de las numerosas narraciones escritas por personas esclavizadas que escaparon hacia la libertad.

Cuando terminó la guerra de Secesión, la gente pudo hablar libremente de sus experiencias con el Ferrocarril clandestino porque ya no había miedo al castigo. En todos los documentos históricos, artículos de prensa, libros y conferencias, los historiadores nunca han descubierto ninguna mención a colchas codificadas, túneles secretos o incluso escondites emocionantes que no sean el típico rincón oscuro de un granero o un desván polvoriento[i].

Casas seguras

Las historias, libros y películas que nos han dado nuestra impresión del Ferrocarril clandestino se han basado en gran medida en el sur, dándonos la idea de que el Ferrocarril clandestino era una red asombrosa de recursos bien ocultos que abarcaba los estados esclavistas del sur.

En realidad, esto está muy lejos de la verdad. Cuando escapaban del sur, las personas esclavizadas estaban en gran medida por su cuenta. Hoy en día, podemos mirar un mapa y ver los refugios y lugares abolicionistas conocidos tanto en el norte como en el sur. El mapa nos ofrece una imagen clara de lo que ocurría durante el funcionamiento del Ferrocarril clandestino.

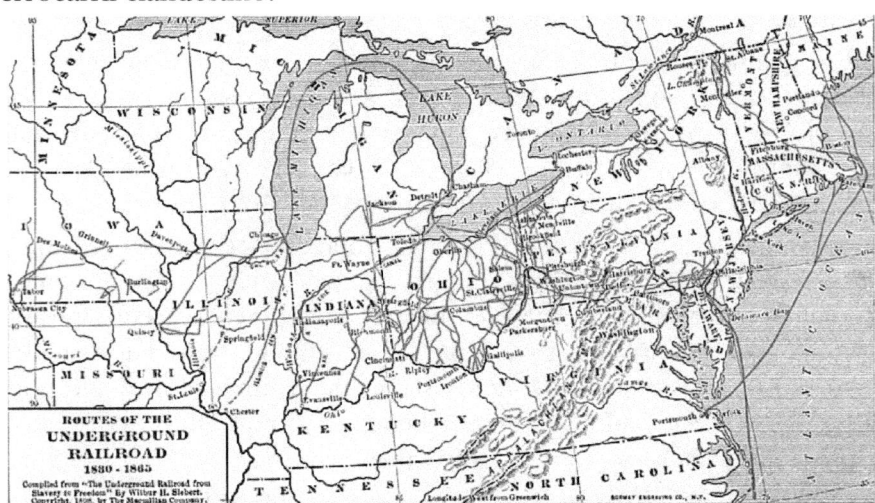

Mapa de las rutas del Ferrocarril clandestino[8]

Por ejemplo, en el profundo estado sureño de Georgia, la lista oficial de refugios y lugares de reunión tiene un total de dos sitios[ii]. Sí, es correcto. En todo el estado, solo había dos lugares: la Primera Iglesia Bautista Africana de Savannah y la casa del Dr. Robert Collins en Macon, que fue utilizada por William y Ellen Craft.

---

[i] "Opinión | Los hilos enredados de la historia - The New York Times".

[ii] "Un recorrido por el Ferrocarril subterráneo - Oficina de Turismo de Georgia".

¿Hubo más sitios que desconocemos? Es muy posible, pero las narraciones y los artículos periodísticos solo hablan de estos dos puntos. Para los hombres y mujeres negros que intentaban huir de Georgia, esto significaba que atravesaban el estado sin ninguna ayuda. No había una red secreta de casas con edredones colgados en el exterior para guiarlos.

En el estado esclavista sureño de Carolina del Norte, también había dos lugares oficiales: el punto de reunión del Guilford College Woods, en el campus del Guilford College de Greensboro, y la Colonia de Hombres Libres de la isla de Roanoke, en los Outer Banks.

Encontramos la misma situación en Tennessee. Allí también solo se conocen dos casas seguras: Burkle Estate, que ahora es el Museo del Ferrocarril clandestino Slave Haven en Memphis, y la casa Hunt-Phelan en Memphis.

Algunos de los estados y zonas de la parte alta del sur, como Washington D. C. y Maryland, disponían de algo más de organización para ayudar a los esclavizados que huían, pero la mayor parte del sur profundo no contaba con ningún tipo de red secreta para ayudar a los fugitivos que huían de sus esclavizadores.

Las personas esclavizadas de Tennessee huyeron a Kentucky y encontraron el río Ohio en gran parte por su cuenta, arriesgando sus vidas para cruzar el ancho y turbulento río al amparo de la oscuridad. Hoy, la mayor parte del río Ohio tiene una corriente tan fuerte que los lugareños saben que es un lugar mortal para nadar.

Por el contrario, al otro lado del río Ohio, el Ferrocarril clandestino rugió a la vida. La historia nos muestra que el Ferrocarril clandestino existió principalmente en los estados del norte. El norte contaba con una red informal bien conectada de abolicionistas, conductores y agentes, casas seguras e incluso oficinas.

Aunque en Tennessee solo hay dos refugios y lugares abolicionistas históricamente conocidos, ¿sabe cuántos hay en Ohio? Hay dieciocho lugares repartidos por todo Ohio, desde los pueblos que bordean el río Ohio hasta la zona de los Grandes Lagos, en la parte más septentrional del estado.

El estado de Nueva York, que es una zona geográfica relativamente pequeña en comparación con Georgia o incluso Tennessee, cuenta con treinta localidades abolicionistas y casas seguras conocidas, lo que revela una intrincada red de apoyo del Ferrocarril clandestino a los buscadores de libertad. Otro estado geográficamente pequeño, Pensilvania, cuenta con quince lugares dentro de sus fronteras. Nueva Jersey cuenta con nueve casas seguras y Massachusetts con doce.

Como ya se ha mencionado, la «Gran Estación Central» del Ferrocarril clandestino era una popular casa segura situada en Fountain City, Indiana, el hogar de Levi Coffin, al que a menudo se hacía referencia como el presidente no oficial del Ferrocarril clandestino. ¿Se dio cuenta? La casa segura más popular que ayudó a más de 2.000 fugitivos no estaba en un estado esclavista del sur. Estaba al otro lado del río Ohio, en Indiana.

Quizá se pregunte por qué se necesitaban estas casas seguras en los estados del norte. Las casas seguras eran simplemente lugares de descanso y refugio, ofrecidos generosamente por abolicionistas que deseaban brindar hospitalidad y asistencia a quienes viajaban más al norte. En la mayoría de los casos, especialmente antes de la Ley de Esclavos Fugitivos de 1850, estos hogares no escondían a nadie.

Entre los años de la Ley de Esclavos Fugitivos de 1850 y la guerra de Secesión, algunos «propietarios» enfurecidos se presentaron en los estados del norte para buscar sus «propiedades» a lo largo de la red de casas del Ferrocarril clandestino. Estos eran los casos en los que alguien necesitaba esconderse. Se han descubierto algunas casas con habitaciones secretas en los estados fronterizos. Por ejemplo, en Salem, Ohio, varias casas históricas tienen habitaciones secretas a las que solo se puede acceder con una escalera. Su uso en el Ferrocarril clandestino ha sido verificado por los diarios personales de los propietarios de las casas, que están en poder de la sociedad histórica local.

Los refugios y lugares de reunión del norte eran tan conocidos que a veces se anunciaban en los periódicos locales. Por ejemplo, Jermaine Loguen, el líder negro del Ferrocarril clandestino en Siracusa, publicaba regularmente su dirección como un lugar que acogía a esclavos fugitivos, ofreciéndoles comida y refugio.

Los mitos del Ferrocarril clandestino dan a la gente lo que quiere oír. A todo el mundo le gusta una buena historia con un héroe o una heroína, túneles misteriosos y habitaciones seguras. Una red de refugios sureños ocultos, revelados a los buscadores de la libertad solo por canciones codificadas y colchas de colores, nos ofrece una historia fácil de entender y entretenida que podemos compartir con nuestros hijos. Pero esta versión romántica del Ferrocarril Subterráneo oculta la cruda y dolorosa verdad sobre la lucha entre la vida y la muerte a la que se enfrentaron las personas esclavizadas, algo que mucha gente puede no querer oír o entender.

Mientras Estados Unidos sigue esforzándose por lograr la igualdad de derechos para todas las personas, muchos activistas afirman que es hora de que dejemos de compartir los mitos del Ferrocarril clandestino, que han sido calificados de «cuento de hadas nacional» bajo el pretexto de «verdad y justicia para todos», y, en cambio, enseñemos a nuestros hijos la verdad sobre la historia de la esclavitud en Estados Unidos.

Una famosa cita reza: «Los que no aprenden la historia están condenados a repetirla».

Capítulo 4: Historias de gran valentía

Las grandes figuras del Ferrocarril clandestino fueron las que lograron escapar peligrosamente de sus esclavizadores en el sur. Aunque nacieron con todas las desventajas de la vida, fueron lo bastante fuertes para levantarse y forjar su propio camino. Lucharon contra la opresión, aprendiendo por sí mismas a leer y escribir y llegando a convertirse en poderosas figuras históricas y políticas en la historia tanto del movimiento abolicionista como de Estados Unidos.

Frederick Douglass

Casi todo el mundo ha oído el nombre de Frederick Douglass. Fue abolicionista, orador y autor de su autobiografía titulada *Narrativa de la vida de Frederick Douglass*. Era un excelente orador, hasta el punto de que llegó a ser conocido como el portavoz del movimiento abolicionista y el rostro de los que luchaban por la igualdad racial.

¿Cómo consiguió un hombre sin educación, nacido como esclavo en el sur, no solo alcanzar la libertad, sino también tener tanto éxito en sus esfuerzos

Frederick Douglass[9]

que se convirtió en un nombre muy conocido?

A los veintitrés años, el recién liberado Douglass se encontró de pie ante una multitud de abolicionistas que habían viajado desde largas distancias para oírlo hablar en Nantucket, Massachusetts. Temblaba de nervios y de miedo. En su relato, describe este momento:

> «Era [hablar públicamente contra la esclavitud] una dura cruz, y lo asumí a regañadientes. La verdad era que yo mismo me sentía un esclavo, y la idea de hablar a los blancos me agobiaba. Hablé solo unos momentos, cuando sentí cierto grado de libertad, y dije lo que deseaba con considerable facilidad»[i].

Este momento fue el catalizador que lanzó a Frederick Douglass a la fama. Su discurso fue emotivo, crudo y conmovedor, describiendo su vida como persona esclavizada. El público quedó profundamente conmovido y, a partir de entonces, se convirtió en un orador muy solicitado.

Frederick Douglass nació como «Frederick Augustus Washington Bailey» en febrero de 1818. Tuvo la mala suerte de nacer como negro en el estado esclavista de Maryland. Su madre también era esclava y su padre era un hombre blanco sin nombre. Fue esclavizado en el mismo lugar que sus abuelos y su tía, mientras que su madre trabajaba en un campo de trabajos forzados muy alejado. Douglass solo la vio un puñado de veces en su joven vida porque ella murió cuando él tenía siete años.

Durante los primeros ocho años de su vida, Douglass experimentó la completa degradación de la esclavitud. Fue testigo de palizas y duros castigos, y vio cómo las familias se desgarraban cuando sus miembros eran vendidos lejos. Pasó muchas noches con frío y hambre cuando sus esclavizadores no satisfacían sus necesidades básicas.

Douglass era solo un bebé cuando fue separado de su madre. Pasaría los seis primeros años de su vida viviendo con su abuela materna, Betty Bailey. Sin embargo, las cosas tomaron un cariz decididamente más duro cuando, con solo seis años, fue enviado lejos de la única familia que había conocido para ir a trabajar a la plantación de Wye, en Maryland[ii].

---

[i] Douglass, Frederick: *Narrativa de la vida de Frederick Douglass.*

[ii] Frederick Douglass - Historia.com.

Algún tiempo después, Frederick fue «regalado» a Thomas y Lucretia Auld. Esta sensación de estabilidad en la vida del muchacho duró poco, ya que pronto pasó a manos del hermano de Thomas en Baltimore, Hugh Auld, que era capitán de barco. En muchos sentidos, esto cambió la vida de Frederick Douglass. Se lo cita diciendo que ser enviado a Baltimore «puso los cimientos, y abrió la puerta, de toda mi prosperidad posterior».[i]

Una vez en Baltimore, el joven Douglass empezó a asimilar todo lo que podía aprender de la ciudad que lo rodeaba. Rápidamente, se dio cuenta de que la lectura y la escritura eran necesarias. La alfabetización era un don concedido a todos los blancos, pero su aprendizaje era ilegal para los hombres y mujeres negros. Douglass decidió aprender tranquilamente por su cuenta a leer utilizando las cosas que veía a su alrededor en la ciudad.

Durante siete años, Douglass disfrutó de la vida en Baltimore. A los doce años, alcanzó otro hito. Douglass compró su primer libro: una colección de escritos titulada *The Columbian Orator*. El tema resultaba ser los derechos naturales del hombre, e incluía debates, ensayos y discursos radicales que llenaron a Douglass de curiosidad e ideas. La conexión entre la libertad y la alfabetización estaba muy asentada en la mente de Frederick Douglass. Este inteligente y fuerte muchacho negro era exactamente lo que más disgustaba a los esclavizadores, ya que ponía en peligro su modo de vida.

En este momento de la corta vida de Douglass, las cosas dieron un giro a peor. Arrancado de la gran ciudad de Baltimore, fue enviado de vuelta a la costa este de Maryland a los quince años para trabajar en una granja regentada por un hombre llamado Edward Covey. Covey tenía fama de ser un «rompedor de esclavos». En esta granja, Douglass experimentó en carne propia los horrores diarios de ser esclavo. Lo azotaban y golpeaban a diario. Pasaba hambre y lo obligaban a desempeñar duros trabajos manuales, prácticamente sin comer. Pasaba frío y estaba sucio. Se describió a sí mismo como «roto en cuerpo, alma y espíritu»

Esto no impidió que Douglass hiciera todo lo posible para luchar contra la injusticia. Educó en silencio a las demás personas esclavizadas que lo rodeaban y luchó físicamente contra el rompedor de esclavos.

---

[i] Frederick Douglass Biografía **PBS**.

El 1 de enero de 1836, Frederick Douglass tomó una resolución de Año Nuevo. Planeaba ser libre para cuando terminara el año. Lamentablemente, su audaz y atrevido plan fue descubierto, y experimentó más brutalidad mientras estuvo encarcelado por su intento de fuga.

Frustrado por su comportamiento problemático, el esclavizador envió a Douglass de vuelta a Baltimore, donde trabajó en un astillero. Fue durante este tiempo en Baltimore cuando Douglass conoció a su futura esposa, Anna Murray. Ella era una mujer negra libre. Anna arriesgó su propia libertad y seguridad para comprar un billete de tren para Douglass. El nuevo plan de fuga consistía en que Douglass se vistiera de marinero y abordara tranquilamente un tren con destino al estado libre de Nueva York.

Subió a un tren rumbo al norte el 3 de septiembre de 1838. En unas escasas veinticuatro horas, Douglass había pasado de ser un esclavo a ser un hombre libre en la ciudad de Nueva York. Anna se reunió con él una vez que estuvo a salvo en la ciudad y se casaron.

La pareja temía que lo llevaran de vuelta a Maryland desde Nueva York, ya que había muchos traficantes de personas en la zona en busca de dinero. Decidieron trasladarse más al norte, a New Bedford, Massachusetts, donde adoptaron el apellido Douglass y formaron una familia. Tuvieron cinco hijos juntos: Rosetta, Lewis, Frederick, Charles y Annie.

Douglass consiguió un trabajo como obrero, pero también buscó más educación. Nunca quiso dejar de aprender. Una de las primeras cosas que hizo fue unirse a una iglesia negra y empezar a asistir a reuniones abolicionistas. Se suscribió al *The Liberator*, mencionado varias veces en este libro.

The Liberator era una publicación semanal abolicionista escrita por el abolicionista blanco William Lloyd Garrison. En 1841, Frederick Douglass vio a Garrison dando una conferencia en la Sociedad Antiesclavista de Bristol durante su reunión anual. Garrison pronunció un apasionado discurso en el que expresaba un profundo odio hacia la institución de la esclavitud, que captó la atención de Douglass y le dejó una impresión duradera.

A cambio, Garrison mencionó a Douglass en *The Liberator* solo unos días antes de que Douglass pronunciara su primer e impactante discurso ante la Sociedad Antiesclavista de Massachusetts en Nantucket, atrayendo a más gente al evento que se avecinaba. Quienes escucharon el discurso lo describieron como horroroso y desgarrador. Como resultado del discurso de Douglass, la Sociedad Antiesclavista de Massachusetts le pidió que se convirtiera en conferenciante. Le dieron un contrato de tres años, lo que lanzó su carrera de por vida.

Douglass realizó giras de conferencias por el norte y el Medio Oeste, difundiendo información sobre la forma en que se trataba a las personas esclavizadas en el sur. Era tan elocuente y hablaba tan bien que la gente lo acusaba de no haber sido nunca esclavo.

En 1845, se armó de valor para publicar la historia de su vida, *Narrativa de la vida de Frederick Douglass, un esclavo americano, escrita por él mismo*. Era un gran riesgo para él porque nombraba a sus esclavizadores, hablaba de su huida y daba detalles personales que podían poner en peligro su libertad.

Para mantener la seguridad de su familia, se trasladaron al otro lado del océano, a Inglaterra, durante dos años. Douglass recorrió Inglaterra, Irlanda y Escocia, donde continuó compartiendo su historia en diversas charlas, vendiendo muchos ejemplares de su relato por el camino.

Para proteger a Douglass, los abolicionistas compraron su libertad. Esto permitió a la familia regresar a Estados Unidos, donde Douglass volvió a pisar suelo estadounidense, convertido en un hombre completamente libre. La familia se trasladó a Rochester, Nueva York, donde Douglass comenzó a trabajar arduamente como conductor del Ferrocarril clandestino, ayudando a muchas personas en su viaje hacia el norte. También se implicó en el movimiento por los derechos de la mujer.

Hasta ese momento, William Lloyd Garrison había sido un mentor para Frederick Douglass. Mientras estaba en el extranjero, Douglass había seguido aprendiendo y desarrollando su propio punto de vista, y empezó a discrepar de Garrison en ciertos puntos clave. Esto fue importante porque Frederick Douglass ejerció una fuerte influencia sobre los abolicionistas de la época, lo que, a su vez, influyó en la narrativa política.

Garrison era un abolicionista radical, lo que significa que hablaba en contra de las iglesias y de muchos partidos políticos e incluso no estaba de acuerdo con el voto. Garrison quería que la Unión (los Estados Unidos) se disolviera. No estaba a favor de unos Estados Unidos en los que la esclavitud estuviera prohibida en todos los estados. Garrison también se pronunció en contra de la Constitución estadounidense, calificándola de proesclavista.

En 1851, Douglass estaba dispuesto a separarse de Garrison. Habló en una reunión abolicionista en Siracusa, Nueva York, anunciando que creía que la Constitución de EE. UU. no era favorable a la esclavitud. Creía firmemente que las áreas de la Constitución bajo la jurisdicción del gobierno federal apoyaban la emancipación, y estaba a favor de un país completamente unido en el que la institución de la esclavitud estuviera proscrita a nivel federal. Consideraba que la disolución de la Unión dejaría a las personas esclavizadas abandonadas y atrapadas en los estados del sur sin esperanza alguna de escapar a la libertad.

Garrison y Douglass, aunque en un tiempo fueron aliados que se respetaban mutuamente, discrepaban fuertemente sobre muchos temas. Durante los años que se conocieron, sus puntos de vista se hicieron más y más opuestos en los temas. Garrison, como muchos críticos, pensaba que Douglass sonaba «demasiado educado» para ser un ex esclavo. En cambio, debía «simplificarlo» para atraer al público blanco. En años posteriores, Garrison se opuso a los planes de Douglass de abrir un periódico, pues consideraba que era mejor orador y no debía de perder el tiempo editando. En última instancia, se cree que los puntos de vista de Garrison y Douglass sobre la abolición empezaron a diferir mucho con el paso del tiempo. La intención de Garrison era no utilizar nunca la violencia en el movimiento antiesclavista, mientras que Douglass empezó a considerar que la violencia era aceptable cuando era necesaria. En particular, dijo que creía que la resistencia violenta a los cazadores de esclavos era «tan sabia como justa», algo muy distinto de las creencias de Garrison[i]. Muchos creen que esta brecha cada vez mayor entre los puntos de vista, a pesar de que ambos hombres tenían en última instancia el mismo objetivo, fue lo que los separó.

En 1855, Douglass publicó *Mi esclavitud y mi libertad,* que era una ampliación de su primera narración. En este libro, Douglass siguió cuestionando la idea de la esclavitud y sacó a relucir el creciente problema de la segregación racial en el norte de Estados Unidos.

Cuando la lucha por el fin de la esclavitud se convirtió en una guerra física, Frederick Douglass nunca se echó atrás. Reclutó a hombres negros para luchar en la 54.º Infantería Voluntaria de Massachusetts. Sus

---

[i] Proyecto Frederick Douglass de la Universidad de Rochester.

propios hijos también lucharon. Douglass tenía muchas conexiones y cierta influencia política en ese momento. Habló con el presidente Abraham Lincoln para abogar por las tropas negras cuando descubrió que no recibían la misma paga ni el mismo trato.

A medida que avanzaba la guerra, parecía que el Norte ganaría. Pero, ¿qué ocurriría con las personas anteriormente esclavizadas si se ilegalizaba la esclavitud en todos los estados? Douglass inició una nueva lucha: el derecho de todos los negros a tener los mismos derechos que los blancos como ciudadanos estadounidenses de pleno derecho. Políticamente, Douglass utilizó su influencia para conseguir que se introdujeran cambios en la Constitución estadounidense. La Decimotercera Enmienda fue ratificada en 1865. Abolía la esclavitud a nivel federal, que era exactamente lo que Frederick Douglass había esperado.

No fue hasta unos años más tarde, en 1868, cuando se concedió a los negros la ciudadanía nacional por derecho de nacimiento con la Decimocuarta Enmienda. En 1870 se ratificó la Decimoquinta Enmienda, que establecía que no se podía negar a nadie el derecho al voto por motivos de raza, color de piel o condición previa de esclavizado.

En 1872, Frederick Douglass era una figura pública muy conocida. La familia se trasladó a Washington, D. C., donde Douglass continuó abogando por la igualdad de derechos. Estados Unidos entró en el periodo de reconstrucción tras la guerra de Secesión y se produjeron muchos cambios, tanto en el gobierno como en la sociedad. Douglass fue nombrado para puestos de prestigio en múltiples comités y universidades, llegando incluso a ser miembro del consejo legislativo del Gobierno Territorial del Distrito de Columbia.

Los tiempos seguían siendo difíciles para los negros estadounidenses. El racismo y la violencia racial estaban en su punto más alto. Los negros no siempre eran bien recibidos como miembros del gobierno o funcionarios de alto rango, y se enfrentaban a agresiones físicas, mentiras y fraudes en los intentos de desbancarlos de sus cargos. Douglass nunca se rindió. Sirvió con cinco presidentes de Estados Unidos. Fue marshal del Distrito de Columbia de 1877 a 1881 y su registrador de Escrituras de 1881 a 1886. Douglass fue también ministro residente y cónsul general en Haití de 1889 a 1891.

Douglass trabajó sin cesar hasta su último día. El 20 de febrero de 1895, Douglass pasó la mañana en una reunión del Consejo Nacional de Mujeres. Después regresó a su casa en Washington, D. C., para descansar antes de dar un discurso en una iglesia cercana más tarde por la tarde. Poco después, sufrió un repentino ataque al corazón y falleció en su domicilio. Tenía setenta y siete años.

Nacido como esclavo, privado del derecho a la educación, azotado, hambriento y vendido lejos de su familia, Douglass no tuvo ventajas en la vida. De hecho, de niño, tenía todo lo posible en su contra. Sin embargo, de alguna manera, se las arregló para convertirse en un orador y autor culto, así como en uno de los abolicionistas y defensores de la libertad y la igualdad más feroces. Nunca vaciló ante la oposición, demostrando una valentía y una resolución increíbles.

Frederick Douglass desempeñó un papel esencial en el Ferrocarril clandestino. Sirvió como figura inspiradora, educando a cientos de otros abolicionistas, proporcionando orientación y uniendo a la gente por la causa. Sin Douglass, todo el resultado de los derechos de los negros tras la guerra de Secesión podría haber sido muy diferente.

Ellen y William Craft

Ellen y William Craft[10]

Ellen y William Craft eran unos esclavos corrientes hasta que, un día, tuvieron el valor suficiente para planear audaces fugas de sus hogares en dos plantaciones diferentes de Georgia. A partir de ahí, emprendieron un peligroso viaje con escapadas por los pelos e incluso un enfrentamiento con los aguaciles. Finalmente, la pareja acabó a salvo en Inglaterra.

William Craft nació en 1824. Su esclavizador era conocido por ser un hombre amable y cristiano. William comentó irónicamente más tarde que su esclavizador no se lo pensó dos veces a la hora de vender a su madre y a su padre a dos plantaciones distintas en su vejez, tan distantes que nunca volvieron a verse. Su esclavizador también vendió después a tres de sus hermanos a personas diferentes.

Debido a la deuda de este hombre, el banco se apoderó de William, de dieciséis años, y de su hermana, de catorce. Fueron vendidos en una subasta, y William recuerda haber llorado en silencio mientras veía cómo unos desconocidos compraban a su hermana y se la llevaban. Nunca tuvo la oportunidad de despedirse.

William acabó como aprendiz esclavizado de un ebanista en Macon, Georgia. Este trabajo le ayudó a adquirir una valiosa serie de habilidades, aunque todas sus ganancias fueron a parar directamente a su esclavizador. Mientras trabajaba, conoció al amor de su vida, Ellen Craft.

Ellen nació en 1826 en una plantación cercana de Clinton, Georgia, de madre esclava. Su padre era el amo de la plantación, el coronel James Smith. Ellen tenía la piel muy clara. Era tan pálida, de hecho, que la gente a menudo la confundía con un miembro de la familia blanca y no con una niña esclavizada.

Cuando Ellen tenía once años, fue entregada como regalo de bodas a la hija de la esposa del coronel Smith, que vivía en Macon. Allí conoció a William, que trabajaba como aprendiz.

En 1846, se permitió a la pareja casarse, pero no pudieron vivir juntos porque tenían diferentes esclavistas. Al principio, se las arreglaron para vivir separados. Pronto, se sintieron frustrados por la situación y decidieron planear una huida al norte, donde podrían vivir en libertad como marido y mujer.

Su idea para escapar era única y atrevida. Como Ellen tenía la piel tan clara, pensaron que podría vestirse como un hombre blanco. William actuaría como su hombre esclavizado. Ellen fingió estar enferma, diciendo que iba a Filadelfia para recibir atención médica. Se vendó la cabeza y llevó el brazo en cabestrillo. Llevar el brazo en cabestrillo tenía también un segundo propósito: ocultaba su incapacidad para escribir. Su cabeza vendada ocultaba su rostro, que mostraría claramente que no tenía barba.

Los Craft viajaron en tren y luego por mar hasta llegar a Maryland. Desde allí, se dirigieron a Filadelfia. En Filadelfia, contactaron con un grupo abolicionista, que los ayudó en el resto de su viaje. De hecho, Ellen enfermó estando allí y fue atendida por una familia cuáquera. Cuando estuvo lo suficientemente bien para seguir viajando, la pareja se trasladó más al norte, a Boston, que se había convertido en el epicentro de los abolicionistas. Afortunadamente, Ellen sabía coser muy bien y William era un excelente ebanista, así que los dos no tuvieron problemas para mantenerse en Boston. William abrió su propia y exitosa ebanistería en el número 51 de la calle Cambridge.

Decidieron hablar abiertamente de sus vidas como personas esclavizadas y de su audaz viaje hacia el norte. Al igual que Frederick Douglass, empezaron a dar discursos y conferencias. Pronto se hicieron muy conocidos. Varios periódicos publicaron su historia, entre ellos The *New York Herald, The Boston Globe, The Georgia Journal* y *The Macon Telegraph.*

Los Craft establecieron su hogar en Beacon Hill, en Boston, uniéndose a la robusta comunidad de la zona y viviendo en casa de Harriet y Lewis Hayden.

Todo iba muy bien para William y Ellen hasta que se aprobó la Ley del Esclavo Fugitivo en 1850. Tras ver su historia en el periódico, los anteriores esclavistas de William y Ellen solicitaron una orden de arresto contra ellos. Dos captores de esclavos llegaron a Boston para detener a la pareja y devolverlos al sur profundo.

Los abolicionistas de la Liga de la Libertad llevaron rápidamente a Ellen fuera de la ciudad a un lugar seguro. William permaneció en su tienda, armándose antes de volver a casa de los Hayden.

Los cazadores de esclavos acudieron a la casa de Lewis Hayden en Beacon Hill, pero Lewis y William estaban preparados. Se negaron a abrir la puerta, diciendo que tenían un barril de pólvora con una mecha debajo de la casa y que lo encenderían si alguien ponía un pie en el umbral. Los cazadores de esclavos acabaron por rendirse, decidiendo que no merecía la pena arriesgar sus propias vidas para capturar a William.

Los Craft ya no se sentían seguros en Boston. El grupo abolicionista los ayudó a embarcar hacia Inglaterra, donde los negreros no tenían jurisdicción. Una vez en Londres, la pareja formó una familia. Continuaron denunciando la esclavitud y contando su historia. Publicaron un libro sobre sus experiencias titulado *Thousand Miles for Freedom; Or, the Escape of William and Ellen Craft from Slavery*[i].

La publicación abolicionista *The Liberator* escribió sobre el viaje de William a África Occidental para reunirse con el rey de Dahomey. Allí, dice *The Liberator*, William mostró al rey «las ventajas superiores del comercio pacífico y legítimo sobre la atroz trata de esclavos con sus barbaridades concomitantes»[ii].

Una vez finalizada la guerra de Secesión, los Craft decidieron que era seguro regresar a Estados Unidos. Reunieron dinero y compraron una plantación en Carolina del Sur, que convirtieron en una granja cooperativa para personas esclavizadas liberadas. Se enfrentaron a la violencia racial de la zona, que se intensificó continuamente hasta que el Ku Klux Klan quemó su plantación. Los Craft no se rindieron. Se trasladaron a una zona a las afueras de Savannah, Georgia, donde abrieron su propia escuela para niños. La escuela daba clase a unos setenta y cinco alumnos a la vez.

Tras más de diez años de funcionamiento de su escuela, los Craft se enfrentaron a dificultades económicas debido a las calumnias de los blancos de la comunidad. Su escuela no era bien recibida por los miembros blancos de la comunidad, que hicieron todo lo posible por destruir la reputación de la escuela y obligar a Ellen y William a abandonar la zona.

Tomaron la difícil decisión de cerrar la escuela y se fueron a vivir con la familia de su hija a Charleston, Carolina del Sur, donde pasaron tranquilamente el resto de sus vidas[iii].

La astuta huida de la esclavitud de los Craft y su negativa a ser recapturados fue una historia inspiradora que se difundió por todo el mundo, captando el interés tanto de los abolicionistas como de la gente corriente. Su historia ayudó a concientizar sobre la situación de las personas esclavizadas, permitiendo a los abolicionistas compartir más con la gente curiosa.

---

[i] William Craft (Servicio de Parques Nacionales de EE. UU.).

[ii] "Dahomey", *The Liberator* (Boston, Massachusetts), 20 de febrero de 1863, Genealogybank.

[iii] "Ellen Smith Craft | Mujeres de Logro de Georgia".

Harriet Jacobs

Harriet Ann Jacobs nació en Edenton, Carolina del Norte, en el otoño de 1813. Harriet tuvo una infancia relativamente feliz para ser una persona esclavizada. La esposa de su esclavizador fue amable con ella y le enseñó a leer y a coser. Harriet recordaba que no supo que era esclava hasta que tuvo seis años.

Cuando su esclavizadora murió en 1825, la suerte de Harriet cambió. Según el testamento de su esclavizadora, Harriet quedó en manos de la sobrina de la mujer. La sobrina era solo una niña de tres años en ese momento, por lo que el cuidado de Harriet pasó a manos del padre de la niña, el Dr. James Norcom. No tardó en conocer la dolorosa realidad de la vida como esclava. Por desgracia, aunque solo era una joven adolescente, Harriet no tardó en darse cuenta de que el Dr. Norcom era una amenaza sexual para ella. Harriet luchó por escapar de las insinuaciones del Dr. Norcom durante todo el tiempo que estuvo en su casa, desde 1825 hasta 1842.

Harriet era odiada por la esposa del Dr. Norcom, que desconfiaba de su marido, y se sentía muy sola, asustada y atrapada por su situación.

Desesperada, acudió a un abogado blanco llamado Samuel Tredwell Sawyer. Acabó teniendo dos hijos con Samuel Sawyer antes de cumplir los veinte años. Sintiéndose aún más desesperada, en 1835, Harriet ideó un plan para convencer al Dr. Norcom de que vendiera sus hijos a su padre.

La abuela de Harriet era una mujer negra libre. Harriet decidió esconderse en el pequeño entretecho que había sobre el trastero de la casa de su abuela, con la esperanza de convencer al Dr. Norcom de que se había escapado. El trastero era un pequeño espacio de 2.1 por 2.7 metros con un techo inclinado y sin luz natural. Harriet solo salía por la noche para hacer ejercicio.

Sorprendentemente, su plan funcionó, al menos de forma indirecta. El Da. Norcom vendió a sus dos hijos, Joseph y Louisa, a su padre, el abogado. En un intento de vengarse en cierta medida de Harriet, el Dr. Norcom vendió a sus hijos, así como a su hermano John, a un traficante de esclavos. El Dr. Norcom exigió al negrero que vendiera a los niños y a John a otro estado. Su objetivo era separar a la familia todo lo posible en un intento de cortar el corazón de Harriet. El negrero que compró a los niños y al hermano de Harriet estaba aliado con Sawyer. En un golpe de buena fortuna, el negrero vendió los hijos de Harriet y Sawyer al mismo Sawyer[i]. Harriet pasó siete largos años escondida en aquel pequeño trastero, vigilando a sus hijos a través de una mirilla que taladró para ver el exterior de su trastero abuhardillado. También escribió cartas al Dr. Norcom, intentando confundirlo actuando como si estuviera en diferentes lugares.

En 1837, Sawyer fue elegido miembro de la Cámara de Representantes de Estados Unidos. Se trasladó a Washington, D. C., dejando atrás a sus hijos, a los que tenía como esclavos. A Harriet se le rompió el corazón y decidió escapar al norte.

En 1842, huyó, dirigiéndose al norte en barco. Su hija, Louisa, era sirvienta doméstica en Brooklyn, Nueva York, habiendo sido enviada allí por su padre para trabajar. El Dr. Norcom persiguió a Harriet por Boston y Nueva York durante diez años, intentando capturarla y devolverla a la esclavitud.

---

[i] Jacobs, Harriet A. *Incidentes en la vida de una niña esclava. Escrito por ella misma: Edición electrónica.*

Finalmente, Harriet se reunió con su hermano, que era un esclavo fugitivo que vivía en Rochester, Nueva York. Empezó a trabajar con abolicionistas en la oficina situada encima de *The North Star*, un periódico propiedad del célebre Frederick Douglass.

Finalmente, un amigo abolicionista compró la libertad de Harriet. Ella ya no tenía la asfixiante carga de ser una fugitiva.

Harriet tuvo el valor de escribir su propio libro, una narración titulada *Incidentes en la vida de una niña esclava*. Fue la primera publicación que hablaba libremente del acoso sexual de las menores negras por parte de sus esclavizadores masculinos.

Harriet siguió siendo abolicionista y participante activa en la lucha por la libertad y la igualdad, incluso después de la guerra de Secesión. Utilizó su popularidad gracias al libro para recaudar dinero para los afroamericanos recién emancipados y trabajó incansablemente para mejorar las condiciones de vida de los que ahora eran por fin libres.

Capítulo 5: La Ley del Esclavo Fugitivo y su impacto

Como ya hemos descubierto, en 1850 se produjo un cambio monumental en Estados Unidos. Se aprobó la Ley del Esclavo Fugitivo.

Como recordará, antes de la Ley del Esclavo Fugitivo de 1850, los estados individuales decidían por sí mismos si serían estados libres o permitirían la institución de la esclavitud. Una persona esclavizada podía viajar por el Ferrocarril clandestino, escapando de su esclavizador hacia la libertad en los estados del norte. Una vez en un estado del norte, estarían relativamente seguros y libres.

Después de la Ley de Fugitivos de 1850, los fugitivos —es decir, las personas esclavizadas que huían de sus esclavizadores— podían obtener una orden de arresto emitida por sus antiguos esclavizadores. Esta orden permitía a los «cazadores de esclavos» ir a cualquier estado de la Unión, incluso a los estados libres, para perseguir a los fugitivos. Peor aún, los US Marshals y las fuerzas policiales locales de los estados libres estaban obligados a ayudar a los cazadores de esclavos. Esto significaba que ningún negro que hubiera sido esclavo estaba a salvo en ningún lugar de Estados Unidos. Ahora debían ir hasta Canadá para ser libres.

Demos un paso atrás por un momento.

Antes de la Ley del Esclavo Fugitivo de 1850, ¿tenían los esclavistas del sur algún derecho sobre los hombres y mujeres que escapaban de ellos y se dirigían al norte, a los estados libres? ¿O fue la Ley del Esclavo Fugitivo de 1850 la primera ley que les otorgó estos derechos sobre los buscadores de libertad fuera de las fronteras de su estado?

La respuesta a esta pregunta es algo compleja y comienza con las trece primeras colonias de Estados Unidos. Todos conocemos la Constitución de los Estados Unidos, es decir, el documento que describe cómo funcionará el gobierno de los Estados Unidos y cómo se distribuirá el poder entre las distintas ramas del gobierno.

Cuando las Trece Colonias derrotaron a Gran Bretaña en la guerra de la Independencia, eran trece comunidades muy separadas con diferentes geografías, industrias y personas viviendo en ellas. Estaban unidas por un único objetivo: liberarse del control de un gobierno extranjero, es decir, liberarse de Gran Bretaña.

Cuando las colonias se vieron libres, decidieron intentar unirlas en un solo país. Al redactar la Constitución, se vieron obligados a reconocer que la esclavitud existía en varias de las colonias. No solo existía, sino que era esencial para la cultura y la economía de estas colonias.

Para seguir adelante y crear una nueva nación, decidieron posponer una decisión muy importante: si esta sería una nación que aceptara la esclavitud. Para eludir esa decisión, la esclavitud no se mencionó directamente en la Constitución. En cambio, se dio a entender con una redacción indirecta.

El artículo 4, sección 2, cláusula 3 de la Constitución explica claramente que si una persona esclavizada o un sirviente esclavizado escapa de su «dueño» y huye a otro estado, la ley exige que esta persona sea devuelta a su «dueño» original. Este elemento de la Constitución era una pieza importante que unía a los dos grupos de colonias: las que tenían personas esclavizadas y las que no. El artículo 4, sección 2, cláusula 3 estaba destinado a resolver un problema fronterizo que se producía entre los dos tipos de colonias. Era una especie de tratado de extradición.

Sin este acuerdo, los firmantes de la Constitución no habrían podido finalizar la nueva nación. Había que asegurar a los habitantes de las colonias del sur que no se arriesgarían a tener que renunciar a sus propiedades al unirse a Estados Unidos. Así pues, los recién nacidos

Estados Unidos llegaron con una pizca de esclavitud incorporada a su documento fundacional.

A lo largo de los primeros cuarenta años del siglo XIX, los estados libres del norte siguieron este artículo de la Constitución de diferentes maneras. Dejaba mucho abierto a la interpretación. Muchos estados libres del norte añadieron diferentes leyes de «libertad personal» a su legislación estatal. Estas leyes apoyaban a los hombres y mujeres negros libres y a los fugitivos que establecían sus hogares en los estados libres.

A medida que el Ferrocarril clandestino tenía más éxito, más y más personas esclavizadas empezaron a abrirse camino hacia el norte. Las tensiones comenzaron a aumentar hasta que en 1842 las cosas llegaron a un punto crítico. En aquella época, Pensilvania tenía la ley de libertad personal más estricta de todos los estados libres. Daba la mejor protección a los negros que vivían dentro de las fronteras de su estado. Esta ley de libertad personal fue cuestionada de repente en el Tribunal Supremo en un caso llamado *Prigg contra Pensilvania*.

El presidente del Tribunal Supremo era el juez Story, que estaba en contra de la esclavitud. Story también se sintió acorralado porque había jurado defender la Constitución en sus fallos. Esto lo llevó a anular la ley de libertad personal de Pensilvania. Story dictaminó que cualquier ley que interfiriera con la cláusula de los esclavos fugitivos de la Constitución, artículo 4, sección 2, cláusula 3, debía ser anulada. La Constitución tendría prioridad sobre las leyes estatales. Esta sentencia federal anuló todas las leyes de libertad personal que se habían aprobado en los estados libres del norte durante la primera parte del siglo XIX.

Seguramente se estará preguntando cuál es la diferencia entre el artículo 4, sección 2, cláusula 3 de la Constitución y la Ley de Esclavos Fugitivos de 1850. Es una pregunta excelente. La cláusula de la Constitución que el juez Story dictaminó que anulaba las leyes de libertad personal hechas por los estados no incluía ninguna indicación específica sobre cómo debían de ser devueltas estas personas esclavizadas fugitivas a sus «propietarios» en el sur. Esta parte se dejó completamente a la interpretación.

En lugar de resolver esta cuestión fronteriza entre los estados del norte y del sur, el caso *Prigg contra Pensilvania* echó más leña al fuego, ya que los desacuerdos y la tensión siguieron aumentando. El invisible Ferrocarril clandestino avanzaba sin cesar hacia el norte, acelerando al norte y al sur hacia una violencia inevitable.

En ese momento, la Ley de Esclavos Fugitivos de 1850 entró en escena durante lo que se conoce como el Compromiso de 1850. El Congreso se esforzaba por mantener que Estados Unidos era en realidad un país feliz, mientras que el creciente problema de los esclavos fugitivos latía en todas las ciudades del norte y del sur. Su solución fue la Ley de Esclavos Fugitivos de 1850.

Podemos ver cómo la Ley del Esclavo Fugitivo pretendía poner fin a la confusión dejada por el caso *Prigg contra Pensilvania*. La Ley del Esclavo Fugitivo era específica, esbozaba cómo se devolvería a los fugitivos al sur y explicaba quién debía de ayudar en su captura y devolución.

Para muchos norteños blancos, la Ley del Esclavo Fugitivo fue una sorprendente llamada de atención sobre los horrores de la esclavitud. Habían convivido con los negros en libertad durante muchos años. Algunos norteños blancos no tenían ningún problema con los miembros negros de la sociedad, mientras que otros se sentían incómodos. Sin embargo, ninguno estaba preparado para las duras realidades que estaban a punto de presenciar con la aprobación de la Ley del Esclavo Fugitivo.

Ante todo, ayudar a una persona anteriormente esclavizada era ahora un delito federal. Esto significaba que los abolicionistas se arriesgaban a cometer delitos federales a diario. Los aliados blancos tenían que elegir ahora si querían implicarse con gran riesgo para ellos y sus familias o permanecer en silencio.

Además, la Ley del Esclavo Fugitivo obligaba a los ciudadanos particulares a ayudar a localizar a los esclavos desaparecidos si se les ordenaba hacerlo. Si no querían ayudar y se negaban, debían pagar grandes multas. Esto obligó a los norteños blancos a implicarse en la esclavitud, incluso cuando querían permanecer tranquilamente al margen sin elegir un bando.

Los hombres y mujeres negros libres podían ser acusados de un delito federal por ayudar a sus amigos y familiares a llegar al norte o por mantenerlos a salvo una vez llegados. Para los negros libres, la Ley del Esclavo Fugitivo era aterradora. A menos que pudieran mostrar documentos que acreditaran su emancipación, corrían el riesgo de ser secuestrados por traficantes de personas y llevados al sur, donde podían ser vendidos o entregados a cualquiera que afirmara ser su propietario.

La ansiedad en las comunidades negras estaba por las nubes. Boston había sido un orgulloso centro de libertad durante muchos años, pero ¿ahora? El gobierno le estaba diciendo a la ciudad que debía participar en el envío de sus ciudadanos de vuelta a una cruel vida de esclavitud.

La Ley del Esclavo Fugitivo fue mucho más lejos que la cláusula de la Constitución al negar a los acusados fugitivos el derecho a ser juzgados por un jurado. En ciudades libres como Siracusa y Boston, los ciudadanos blancos presenciaron cómo los ciudadanos negros eran cazados, encadenados y arrastrados a los tribunales. Por primera vez, la gente del norte presenció cómo sus vecinos negros eran encadenados en un tribunal, negándoseles el derecho a defenderse o incluso a hablar. La gente del norte se sintió conmocionada y ofendida ante la visión de los negros siendo tratados como objetos o animales.

Después del juicio, la gente vio cómo estos supuestos fugitivos eran empujados a barcos y enviados al sur, para no volver jamás.

El hecho de que unos extraños del sur profundo hicieran estas cosas en sus propios barrios, delante de sus hijos, fue muy chocante. Luego, ¿el que le dijeran que estaría cometiendo un delito federal si intentaba detener el horrible trato? Esto realmente martilleaba lo vil que era la institución de la esclavitud. Muchos norteños que antes se habían resistido a los abolicionistas y preferían no pensar en la esclavitud, ahora tenían los ojos bien abiertos por primera vez. Ya no había vuelta atrás.

Si la Ley del Esclavo Fugitivo pretendía dar claridad, lo había conseguido, solo que no de la forma prevista. La claridad llegó a la gente del norte como un shock: la esclavitud no era un problema del sur. Era un problema de todo Estados Unidos que habría que abordar, y rápidamente.

La gente que antes pensaba que la esclavitud no tenía nada que ver con ellos en el norte empezó a comprender cómo todo Estados Unidos participaba en la esclavización de seres humanos. No solo veían cómo sus vecinos negros eran devueltos a la fuerza al sur, sino que también empezaban a darse cuenta de que el algodón que utilizaban en su ropa era cultivado y cosechado por personas esclavizadas en el sur. Los bancos en los que invertían su dinero también participaban en la propiedad de plantaciones en las que había gente esclavizada. Acabar con la esclavitud cambiaría las cosas para la economía de todo el país, pero la gente se dio cuenta de que no podía seguir participando en silencio en actos tan atroces.

La Ley del Esclavo Fugitivo fue el golpe fatal que acercó a Estados Unidos a la guerra entre los estados libres y los estados del sur. La violencia comenzó a estallar en los estados del norte, cuando los propietarios de esclavos y los cazadores de esclavos se presentaron para reclamar lo que consideraban su propiedad.

Los abolicionistas estaban furiosos ante la situación. Juraron utilizar la desobediencia civil siempre que fuera posible para resistir esta nueva ley. Una de las primeras y más notables pruebas de cómo funcionaría la nueva ley se produjo en septiembre de 1851.

En Christiana, Pensilvania, vivían seis negros que habían sido esclavizados por el mismo hombre. Este esclavizador llegó audazmente al estado libre de Pensilvania para reclamar a sus esclavos basándose en los derechos que le otorgaba la Ley de Esclavos Fugitivos de 1850. Llevó a un grupo de hombres para que lo ayudaran a capturar a sus esclavos y devolverlos a su hogar en el sur.

Tras recibir la noticia de la llegada del esclavizador, un grupo local ya estaba protegiendo a los seis fugitivos en una casa de la zona. Hubo una tensa discusión entre ambas partes que rápidamente se tornó violenta. Hasta cincuenta hombres negros de los alrededores se presentaron para ayudar al grupo a proteger a los fugitivos. El esclavizador y sus hombres pidieron que los hombres blancos locales los ayudaran en la lucha, como exigía la Ley de Esclavos Fugitivos, pero todos se negaron. Estalló un violento motín y el esclavizador fue asesinado.

Cinco hombres blancos, junto con treinta y ocho negros, fueron arrestados y acusados de traición a los Estados Unidos, delito castigado con la muerte. El juicio del primer hombre fue largo y tenso, duró tres semanas. Al final, cada hombre fue declarado inocente y se retiraron los cargos.

Los abolicionistas se sintieron victoriosos. La ley estaba del lado de la moralidad a sus ojos, ya que los que habían desobedecido la Ley del Esclavo Fugitivo fueron finalmente declarados inocentes.

Como ha visto en las biografías de hombres y mujeres valientes y famosos que participaron en el Ferrocarril clandestino, la Ley del Esclavo Fugitivo afectó a todos los negros que creían haber encontrado la libertad y la seguridad en un estado libre del norte. El Ferrocarril clandestino necesitaba ahora extenderse más allá de refugios seguros como Boston o Filadelfia. Ahora la meta para los buscadores de la libertad era un viaje aún más peligroso hasta la frontera canadiense.

Lo que empezó a suceder fue un desmoronamiento total del gobierno federal de Estados Unidos.

Por un lado, estaban los abolicionistas radicales que sonaban extremadamente ofensivos para los esclavistas del sur. Muchas de estas personas habían heredado a sus esclavizados. Eran religiosos y pensaban que eran amables, generosos y llevaban una vida moral dentro de los límites de su sociedad. Las palabras de los abolicionistas eran chocantes y duras a sus oídos. Por otro lado, la ira de los esclavistas que se enfrentaban a amenazas a su sustento, a toda su cultura y a su forma de vida resultaba increíble para la gente del norte, para la que la esclavitud no estaba normalizada.

Tenga en cuenta que se suponía que este era un país unido. Tanto en el norte como en el sur había hombres involucrados en la política que se polarizaban cada vez más por esta cuestión de los fugitivos y por la cuestión más amplia de cómo podía avanzar la nación con un frente unido si la mitad de la economía y la cultura del país estaban sostenidas por el poder de la esclavitud humana.

Para evitar que el país se volviera completamente autoritario, la institución de la esclavitud era una cuestión demasiado importante como para que ninguno de los bandos llegara a un compromiso. Las cosas llegaron a un punto de ebullición cuando la mitad de los estados se separaron de la Unión, lo que condujo a la guerra de Secesión en la que se perdieron casi un millón de vidas.

En 1864, el Congreso derogó la Ley del Esclavo Fugitivo. Esto ocurrió un año antes de que terminara la guerra de Secesión, pero para entonces no había nadie en el gobierno que representara al sur y votara en contra.

Capítulo 6: La religión y el Ferrocarril clandestino

Para comprender plenamente el papel que desempeñó la religión en el movimiento abolicionista, debemos considerar primero la sociedad estadounidense de finales del siglo XVII hasta el siglo XIX, antes de la guerra de Secesión. En esta época, el país estaba firmemente fundado en valores cristianos.

El cristianismo creó la base de las creencias abolicionistas y de la lucha moral entre ayudar a las personas esclavizadas, desafiando al gobierno o negarse a infringir la ley y permanecer impasible mientras sus semejantes estaban sometidos a la esclavitud.

Por otra parte, los sureños que poseían esclavos también eran religiosos. Para ellos, la Biblia justificaba la propiedad de personas esclavizadas y sentían que estaban en su derecho moral.

También hay un tercer aspecto muy importante de la religión en el siglo XIX que trataremos: el punto de vista de las personas esclavizadas, que encontraron en la religión una parte significativa de sus vidas.

Cuáqueros

Los cuáqueros son el grupo religioso más destacado al que se atribuye el movimiento abolicionista, aparte de los propios hombres y mujeres negros. La mayoría de los cuáqueros eran blancos, aunque también hubo cuáqueros negros que trabajaron como abolicionistas y agentes del Ferrocarril clandestino.

Los cuáqueros creen que Dios puede encontrarse dentro de cada ser humano. Esto incluye absolutamente a todos, desde los esclavizados hasta los libres, con cualquier color de piel y de cualquier condición social.

Dado que los cuáqueros creen que todos los seres humanos son igualmente dignos de respeto, no es sorprendente que esto condujera a una objeción directa a la esclavitud. Los cuáqueros empezaron a pronunciarse en contra de la esclavitud ya en la época de las trece colonias, mucho antes de los periodos anteriores a la guerra de Secesión. Uno de sus primeros grupos abolicionistas se llamaba The Society for the Relief of Free Negroes Unlawfully Held in Bondage (Sociedad para el alivio de los negros libres sometidos ilegalmente a esclavitud), formada en Filadelfia en 1775.

Los cuáqueros sabían que necesitaban hacer una declaración formal contra la institución de la esclavitud para sus miembros. En 1780, idearon un plan y aprobaron una ley cuáquera titulada Acta para la abolición gradual de la esclavitud. Esto hizo ilegal que los miembros de la iglesia cuáquera esclavizaran a las personas. Afirmaban que ningún miembro debía reclamar a un ser humano como de su propiedad. Si un miembro continuaba intentando poseer a otro ser humano, era «expulsado» de la casa de reuniones. En otras palabras, eran excomulgados.

Los cuáqueros fueron la primera congregación eclesiástica que prohibió a sus miembros esclavizar a las personas.

Sin embargo, los cuáqueros se enfrentaron a un problema. La tierra en la que vivían permitía e incluso apoyaba la práctica de la esclavitud. Los cuáqueros seguían estrictamente las enseñanzas bíblicas, que decían: «Dad, pues, al César lo que es del César, y a Dios lo que es de Dios» (Mateo 22:21 RV).

¿Qué debían hacer los cuáqueros en un caso en el que, bíblicamente, Dios exigía una cosa (no esclavizar a otros) y, al mismo tiempo, la Biblia también les ordenaba seguir la ley de su tierra? Decidieron que era su deber sufrir los posibles castigos derivados de desobedecer la ley de la tierra antes que causar daño a otros seres humanos.

El cuáquero William Jackson lo resumió para sus hermanos cuando, en 1846, dijo: «Nadie tiene la obligación moral de prestarse como instrumento a otros para la comisión de un delito, ni siquiera cuando su gobierno le ordena hacer el mal...»[i].

De hecho, no era la primera vez que los cuáqueros estaban dispuestos a ir a la cárcel cuando sus creencias contradecían las del gobierno de su país. En el pasado, los cuáqueros fueron voluntariamente a la cárcel por negarse a portar armas. En otros casos, fueron encarcelados por negarse a prestar juramento. Estas eran formas de desobediencia civil, que habían sido una práctica cuáquera durante muchos años. Por lo tanto, no es una sorpresa que los cuáqueros se convirtieran en abolicionistas decididos.

No todos los cuáqueros eran abolicionistas, pero muchos convivieron con la población negra libre en lugares como Nueva Jersey y Pensilvania. La historia de Thomas Mitchell es uno de esos ejemplos de familias cuáqueras blancas que convivían estrechamente con negros libres.

Thomas Mitchell era un negro fugitivo que vivía en el condado de Chester, Pensilvania, a solo dieciocho millas de la granja donde había sido esclavizado. Llevaba doce años viviendo como fugitivo. Una noche después de la Ley del Esclavo Fugitivo de 1850, mientras dormía en su cama, unos cazadores de esclavos blancos se colaron en su casa y lo secuestraron ilegalmente. Lo llevaron directamente al mercado de esclavos de la cercana Baltimore, Maryland.

Cuando se los interrogó sobre la comisión de un delito federal al no denunciar al esclavo fugitivo que vivía junto a ellos, los vecinos blancos de Mitchell negaron tener conocimiento de ello. Probablemente, en la zona había muchos otros negros viviendo libremente como fugitivos.

Al final, los vecinos de Mitchell lo buscaron y compraron su libertad, devolviéndolo a su casa, donde pasó pacíficamente los últimos doce años de su vida.

Uno de los jefes de estación cuáqueros blancos más famosos del Ferrocarril clandestino se llamaba Thomas Garrett. Supuestamente, Garrett asistió a más de 2.700 personas hacia el norte, hacia la libertad, desde su casa en Wilmington, Delaware. Tenía un negocio de hierro y ferretería en su casa de la calle Shipley 227. Garett también acogió en su casa sin cuestionamientos a los viajeros del Ferrocarril clandestino.

En 1848, Garett fue arrestado por ayudar a la familia Hawkins, una familia negra que huía de Maryland. Como parte de la condena, se le

---

[i] Densmore, Christopher, "Los cuáqueros y el Ferrocarril clandestino: Mitos y realidades".

impuso una multa de 5.400 dólares. Acabó perdiendo casi todo lo que poseía, incluido su negocio y todas sus posesiones.

Los baptistas y metodistas

¿Qué hay de otras ramas del cristianismo? ¿Hubo abolicionistas y aliados blancos que no fueran cuáqueros? La respuesta a esa pregunta es definitivamente sí. Tanto la iglesia baptista como la metodista tenían miembros blancos y negros que estaban en contra de la esclavitud. Las congregaciones de negros libres dirigidas por ministros negros se extendían por todo el norte e incluso en los estados del sur. Los ministros negros lanzaban mensajes contra la esclavitud, llevando esperanza e inspiración a sus congregaciones. Creían que la esclavitud sería ilegalizada durante su vida y difundían este mensaje a través del púlpito de la iglesia.

Un ministerio de «gran avivamiento» surgió en el sur, alrededor de Kentucky. Este ministerio animaba a los esclavistas blancos a liberar a sus esclavos y pedía la abolición de la esclavitud. Esto llevó a muchos miembros de congregaciones a manumitir, o dar la libertad, a sus esclavos. Las iglesias metodistas, baptistas y presbiterianas blancas patrocinaron congregaciones de iglesias negras llenas de esclavos recién liberados.

Políticamente, estas tres ramas del cristianismo tenían posturas diferentes. Los metodistas reconocían los «males de la esclavitud» y al mismo tiempo anunciaban que estaban en contra de la «abolición moderna». Los presbiterianos afirmaban que la esclavitud era una cuestión legal y política y no algo que debiera decidir la Iglesia. Los baptistas y los metodistas crearon denominaciones regionales. Esto condujo a la formación de la Convención Bautista del Sur.

Hubo muchos abolicionistas famosos, tanto negros como blancos, que eran metodistas, presbiterianos o baptistas. Harriet Tubman, por ejemplo, era metodista. Las iglesias afroamericanas se convirtieron rápidamente en lugares de refugio para quienes viajaban por el Ferrocarril clandestino. Hoy en día, el mapa de edificios utilizados como refugios y lugares de reunión en todo Estados Unidos está salpicado de muchas iglesias negras, bastantes de las cuales siguen activas en la actualidad.

Religión para las personas esclavizadas

Para los que fueron esclavizados, la religión desempeñó varios papeles importantes. África es un continente extenso y las personas esclavizadas procedían de muchas regiones. Algunos eran musulmanes, ya familiarizados con la idea de un libro sagrado y una religión monoteísta. Otros tenían tradiciones religiosas completamente diferentes basadas en sus tribus.

Casi todos los esclavizadores eran hombres cristianos. Esto significó que sus personas esclavizadas conocieron rápidamente la Biblia cristiana. Una de las principales vías de difusión del cristianismo entre las personas esclavizadas fue el canto. Aquí nació el espiritual negro. Los espirituales negros son canciones que vuelven a contar historias bíblicas y conceptos cristianos de forma oral, que es como se transmitieron de generación en generación. Como a las personas esclavizadas no se les permitía leer ni escribir, el espiritual era su solo medio de compartir historias. El estilo de culto de llamada y respuesta también nació de la necesidad de compartir la religión sin leer ni escribir. El líder del culto cantaba la primera línea de una canción y la gente la repetía.

Las personas negras esclavizadas conocieron el libro del Éxodo y lo vieron como una metáfora de sus luchas. Se centraron en esas historias como esperanza de que ellos también serían liberados algún día.

En las plantaciones, los esclavistas solían traer predicadores blancos para que dieran mensajes dominicales a las personas esclavizadas. Esto permitía a los esclavistas elegir solo los mensajes que apoyaran sus afirmaciones de que Dios defendía la idea de la esclavitud. Mientras tanto, para los negros libres, la iglesia empezaba a servir de refugio. Era un lugar donde podían aprender a leer y escribir, un lugar que les ocultaba de los cazadores de esclavos y un refugio libre de los embates diarios de deshumanización de los blancos racistas.

En general, el papel de la religión durante este periodo de la historia estadounidense fue tan poderoso que tendió un puente entre los propietarios de esclavos, los esclavistas y los cuáqueros. Cada grupo de personas tenía un punto de vista distinto, pero los tres utilizaban la Biblia como guía.

Capítulo 7: El impacto del Ferrocarril clandestino en la vida afroamericana

La migración de los negros estadounidenses de los estados esclavistas del sur a los estados libres del norte condujo a la creación de muchas comunidades negras únicas en las grandes ciudades del norte. Algunas de estas comunidades son la histórica Beacon Hill de Boston, Filadelfia, Cleveland, Detroit y la siempre multicultural ciudad de Nueva York.

Los ciudadanos negros, tanto los fugitivos como los legalmente libres, lucharon por su derecho a tener espacios vitales confortables, empleos bien remunerados y el respeto de sus conciudadanos blancos. Los hombres negros se convirtieron en propietarios de negocios, políticos y activistas en los estados libres, lo que contrastaba fuertemente con la vida de los hombres negros esclavizados en el sur.

He aquí las historias de algunas ciudades en las que los negros lucharon y lograron crear sus propias comunidades.

Boston, Massachusetts

Boston, Massachusetts, se enorgullece de ser una ciudad que representa la libertad. Fue la primera ciudad en luchar contra la tiranía británica con el motín del Té de Boston. Es solo lógico que fuera un refugio para hombres y mujeres negros libres, así como el centro del movimiento abolicionista en los años previos a la guerra de Secesión.

Beacon Hill albergó la mayor comunidad afroamericana de Estados Unidos durante el siglo XIX. Una mezcla de gente hizo de Beacon Hill su hogar. Muchos famosos activistas, líderes políticos y religiosos vivieron en el barrio de Beacon Hill, como Louis y Harriet Hayden, John J. Smith, Abiel Smith, John Coburn y William C. Neil. También fue sede de la Casa del Estado de Massachusetts, lo que atrajo a muchos políticos locales. Beacon Hill puede considerarse el lugar donde nació el movimiento abolicionista, así como la sede del mayor número de casas seguras del Ferrocarril clandestino en Estados Unidos.

Las familias que vivían en la zona de Beacon Hill trabajaban juntas por unos objetivos comunes. Querían educar a sus hijos, crear instituciones de apoyo para los recién fugados y liberados y esforzarse continuamente por alcanzar su objetivo de abolir la esclavitud en Estados Unidos.

En 1835, la escuela Abiel Smith de Beacon Hill fue el primer lugar de Boston que se abrió exclusivamente para la educación de niños negros. En 1855, los bostonianos negros lucharon por integrar el sistema escolar público y ganaron. La Escuela Phillips del barrio de Beacon Hill se convirtió en una de las primeras escuelas integradas.

¿Y el corazón de Beacon Hill? Era el edificio de la iglesia negra existente, conocida hoy como la Casa de Reunión Africana. Sigue en pie en el barrio de Beacon Hill y puede visitarse en un recorrido histórico.

La comunidad negra desempeñó un papel vital en el Boston del siglo XIX, teniendo una gran influencia en la política y aportando famosos abolicionistas a la cultura local de la zona.

Filadelfia, Pensilvania

Filadelfia está en Pensilvania, que era un estado libre que ofrecía libertades personales a los hombres y mujeres negros, tanto fugitivos como libres dentro de sus fronteras estatales. Filadelfia era a la vez un lugar importante en el Ferrocarril clandestino y un lugar con una gran carga racial donde vivían los ciudadanos negros fugitivos y libres. El objetivo más apremiante de los negros libres que vivían en Filadelfia era proteger a los negros de ser devueltos a la esclavitud y protegerlos de la violencia que ejercían sobre ellos los blancos.

Los cazadores de esclavos acudían regularmente a la zona en busca de personas esclavizadas fugitivas, pero también secuestraban a negros libres. La necesidad de proteger a la comunidad de estas personas llevó a la formación de comités de vigilancia, que acabaron desempeñando un papel importante a lo largo del Ferrocarril clandestino en el norte.

Filadelfia tenía una gran población de ciudadanos negros libres. Trabajaron junto a aliados blancos, a menudo cuáqueros, y abolicionistas tanto blancos como negros, no solo para proteger a las personas vulnerables, sino también para proporcionarles ayuda legal. La Sociedad para la Abolición de Pensilvania fue una parte importante de la comunidad negra de Filadelfia.

La comunidad blanca de Filadelfia no apoyaba del todo el creciente número de residentes negros, a medida que llegaban más y más personas a vivir libremente en la ciudad. Los abolicionistas negros se enfrentaban a menudo a turbas enfurecidas de ciudadanos blancos. Frecuentemente, cuando los ciudadanos negros se encontraban en una situación de éxito económico, eran atacados en un intento de derribarlos de nuevo.

Los afroamericanos recién escapados o liberados acudían en masa a Filadelfia para encontrar trabajo en la gran ciudad. Desgraciadamente, a menudo acababan en los peores trabajos y con los salarios más bajos, compitiendo con los inmigrantes europeos por los empleos básicos. Los negros no estaban incluidos en el sector laboral industrial de la creciente ciudad, lo que los limitaba a trabajos físicos y de servicios.

A pesar de esta lucha, algunos ciudadanos negros encontraron formas creativas de triunfar. James Forten es un conocido hombre de negocios negro de Filadelfia que vivió entre 1766 y 1842. Puso en marcha su propio negocio de fabricación de velas y encontró un éxito asombroso en el muelle, donde muchos negros trabajaban en los empleos más agotadores y peor pagados.

Los negros descubrieron un nicho único que podían hacer suyo en la alta sociedad de Filadelfia como camareros y restauradores altamente calificados, con lo que se ganaban tanto unos buenos ingresos como cierta medida de respeto. Otros ciudadanos negros eran conocidos profesores, eruditos y ministros por toda la ciudad, que trataban de transmitir educación, conocimientos e inspiración a quienes luchaban por superarse.

Cleveland, Ohio

La comunidad afroamericana libre de Cleveland se estableció en 1809 con la llegada de George Peake. A partir de ahí, la comunidad creció de forma constante. En 1860, la ciudad contaba con unos 800 ciudadanos negros libres, aunque la población negra se mantenía en torno a solo el 2 % de la población de la ciudad.

Ohio intentó restringir el asentamiento de negros libres en el estado y reducir la cantidad de fugitivos en busca de libertad que se refugiaban en sus ciudades. El estado aprobó leyes conocidas como «Leyes Negras» que obligaban a cualquier persona negra que viviera en el estado a pagar una fianza de 500 dólares. Además, la persona debía llevar consigo en todo momento un documento que acreditara su condición de libre para mostrarlo siempre que se lo pidieran.

A pesar de las duras leyes, Cleveland fue una de las primeras ciudades de Ohio en tener escuelas públicas integradas, a partir de la década de 1840. Los ciudadanos negros encontraron el éxito en muchas áreas de la ciudad. Algunos ciudadanos negros se hicieron ricos y disfrutaron de la vida como propietarios de negocios en Cleveland, contribuyendo a una ciudad multicultural con muchas oportunidades. Eran propietarios de negocios como agencias inmobiliarias, tiendas, hoteles, restaurantes y barberías.

El primer periódico de propiedad negra de la ciudad comenzó a publicarse en 1883. Se llamaba *The Cleveland Gazette*. La primera iglesia negra no llegó hasta 1830, cuando se inauguró la Iglesia Metodista Episcopal Africana de San Juan. La segunda iglesia negra, la Iglesia Congregacional Mt. Zion, no se estableció hasta unos impactantes treinta y cuatro años después.

Ciudad de Nueva York

La ciudad de Nueva York ha sido el hogar del pueblo africano desde sus primeros días como colonia holandesa. A lo largo de la historia de la ciudad, varios grupos culturales han crecido en número y luego han disminuido debido a la migración, la discriminación y otros factores históricos.

La comunidad de Weeksville se estableció en la década de 1830 en la ciudad de Nueva York. El objetivo del asentamiento era proporcionar un marco social, ayudar a los ciudadanos negros a conseguir estabilidad y éxito económicos y ayudarlos a obtener derechos políticos. Weeksville estaba situada a unos seis kilómetros al este del centro de Brooklyn.

En 1855, la pequeña comunidad había crecido hasta alcanzar una población de 521 personas negras, lo que la convertía en la segunda comunidad negra más grande estadounidense con total independencia. Los residentes eran personas procedentes tanto de Estados Unidos como de las islas del Caribe. La comunidad estaba orgullosa de que los ciudadanos negros fueran dueños de sus propias propiedades. La ciudad tenía dos periódicos propiedad de negros llamados *Freedom's Torchlight* y *National Monitor*. También tenían sus propias iglesias, un orfanato y una residencia de ancianos.

Weeksville tuvo la primera escuela pública con un profesorado multirracial y fue el hogar de la primera mujer negra de Nueva York que se licenció en medicina. La Dra. Susan McKinney Steward nació en Weeksville en 1847. Se graduó en la Facultad de Medicina para Mujeres de Nueva York en 1869 como mejor estudiante de su promoción[i].

Hoy quedan cuatro casas como testimonio de esta vibrante comunidad negra de Nueva York. Están situadas en Hunterfly Road y las cuida el Centro del Patrimonio de Weeksville.

Seneca Village fue otra comunidad negra muy conocida en la ciudad de Nueva York durante el siglo XIX. Se estableció en 1825 cuando un hombre llamado John Whitehead dividió su patrimonio y lo vendió en pequeñas parcelas.

Los neoyorquinos negros se dieron cuenta de que la única forma de conseguir poder político en la ciudad era convertirse en terratenientes. El estado de Nueva York permitía votar a los hombres negros que poseyeran más de 200 dólares en bienes inmuebles. La compra de tierras para un hombre negro en Seneca Village ofrecía tanto la posibilidad de formar parte de una comunidad como la oportunidad de votar.

En 1855, la tragedia golpeó a la pequeña comunidad. Para entonces, muchos ciudadanos habían puesto en marcha pequeñas granjas y huertos, se habían establecido iglesias y escuelas y la comunidad prosperaba. El alcalde Wood utilizó el poder de dominio eminente en la zona, tomándola por propiedad de la ciudad de Nueva York. El terreno debía ser completamente desalojado de todos los establecimientos para que la ciudad pudiera utilizarlo como parque. Los propietarios negros pasaron dos años intentando luchar contra la ciudad antes de ser desalojados violentamente en 1857.

La propia ciudad de Nueva York es el hogar de uno de los abolicionistas menos conocidos, pero más importantes de la historia del Ferrocarril clandestino. David Ruggles llegó a Nueva York a la edad de

---

[i] "Weeksville - Los primeros asentamientos afroamericanos de NYC - Guías de investigación en los centros de investigación de la Biblioteca Pública de Nueva York".

diecisiete años. En 1835, ayudó a fundar el Comité de Vigilancia de Nueva York. Este grupo trabajaba para proteger a los ciudadanos negros de los cazadores de esclavos y de la violencia de los blancos.

David Ruggles ayudó a la asombrosa cifra de 600 buscadores de libertad, incluido el famoso Frederick Douglass. Proporcionó hospitalidad y refugio a la gente en su propia casa de la calle Lispend, que utilizó como pensión. Desde su casa, Ruggles estableció una pequeña librería y una biblioteca para facilitar el acceso a la información a los negros de su comunidad. Distribuyó muchos folletos y panfletos antiesclavistas para promover la causa de los abolicionistas.

Thomas Downing es otro negro influyente y muy conocido que vivió en Nueva York durante el siglo XIX. Abrió una famosa ostrería llamada Downings Oyster House en la esquina de Broad Street y Wall Street. Entre los clientes de su ostrería había banqueros y hombres de negocios adinerados, políticos de la zona e incluso miembros de la alta sociedad. En su restaurante se servían ostras crudas, guisadas o fritas.

Quizá lo mejor de Downing's Oyster House no fueran las ostras ni la clientela, sino los acontecimientos que tenían lugar en el sótano, debajo del restaurante. El edificio fue una parada del Ferrocarril clandestino. El hijo de Thomas Downing, George, llevaba a los buscadores de la libertad por el sótano, ayudándolos en su camino hacia Canadá.

Downing también desempeñó un papel importante en la creación de la Sociedad Antiesclavista Unida de la Ciudad de Nueva York.

Otro lugar crucial del Ferrocarril clandestino en la ciudad de Nueva York fue el Hogar de los Marineros de Color. Estaba situado en la esquina de las calles Gold y John, en el bajo Manhattan. El hogar fue fundado por un abolicionista llamado William Powell. Sirvió para varios propósitos, entre ellos proporcionar a los marineros negros comida y refugio, ayudarlos con oportunidades de empleo y como punto de encuentro para los abolicionistas.

Lo más importante es que el Hogar de los Marineros de Color ayudó a unas 1.000 personas esclavizadas en su viaje hacia el norte. Se les daba comida y cobijo mientras se escondían de los cazadores de esclavos en el edificio. Se los disfrazaba de marineros y se los enviaba a la siguiente parada.

La iglesia Plymouth de Brooklyn fue otro lugar que se ganó el apodo de «Gran Depósito Central» por su importancia a lo largo del Ferrocarril clandestino. Todavía hoy se encuentra en el número 75 de la calle Hicks de Brooklyn, con una activa congregación eclesiástica.

El primer ministro de la iglesia, Henry Ward Beecher, resultó ser hermano de la famosa escritora Harriet Beecher Stowe, autora de *La cabaña del tío Tom*. La iglesia escondía a hombres y mujeres negros fugitivos en el sótano y, en ocasiones, los miembros de la iglesia acogían a personas en sus propias casas.

Detroit

Detroit era una ciudad popular para los buscadores de la libertad debido a su ubicación en la frontera con Canadá. Muchos ciudadanos locales de Detroit participaron en el Ferrocarril clandestino, dando cobijo a la gente en la última parada de su viaje hacia la libertad. La esclavitud fue abolida en Michigan en 1834.

No todos cruzaron la frontera hacia Canadá. Algunos negros fugitivos y libres se quedaron para establecer su hogar en Detroit. Algunos de los más famosos son el propietario de una droguería Samuel C. Watson, William Whipper, Laura Haviland y Henry Bibb.

Los ciudadanos negros de Detroit también participaron en la guerra de Secesión. El 102.º Regimiento de Tropas de Color de los Estados Unidos de Michigan e Illinois reclutó gran parte de sus efectivos en la propia Detroit.

Un lugar notable en Detroit es la estación de la calle Croghan, que se encuentra en el sótano de la Segunda Iglesia Bautista, en el barrio de Greektown. Se cree que esta parada dio refugio a más de 5.000 buscadores de libertad.

George DeBaptiste, nacido negro libre, ideó un ingenioso método de escape para los buscadores de libertad que pasaban por Detroit, camino de Canadá. Como empresario adinerado, tenía dinero y lo utilizó para comprar un barco de vapor entero. El capitán del vapor era un hombre blanco y disfrazaron hábilmente el barco como un buque comercial para no llamar la atención. Pero el verdadero uso de este barco de vapor se conoce hoy en día: Se utilizó para trasladar a personas esclavizadas a la libertad en Canadá a través del río, delante de las narices de los cazadores de esclavos.

La vida de los negros en Canadá

Se calcula que entre 15.000 y 20.000 personas esclavizadas fugitivas escaparon de Estados Unidos por la frontera hacia Canadá entre 1850 y 1860 y se establecieron en Ontario. En total, entre 30.000 y 40.000

negros entraron en Canadá buscando la libertad durante los años de esclavitud en Estados Unidos.

Durante el siglo XIX, la vida no fue del todo feliz y fácil una vez que los buscadores de libertad cruzaron la frontera con Canadá. Se enfrentaron a un racismo similar al que encontraron en Estados Unidos. Las luchas eran familiares, ya que se encontraron luchando por el acceso a lugares agradables para vivir, una educación igualitaria para sus hijos y empleos de mejor calidad con un salario justo.

Algunos de los trabajos que los hombres y mujeres negros de éxito establecieron para sí mismos en Ontario incluían la gestión de tiendas de comestibles, sombrererías, boutiques, una empresa de hielo, farmacias, establos de caballos, una empresa de sierras y negocios de carpintería. El primer servicio de taxis de Toronto también fue establecido por un hombre negro.

A pesar de los avances logrados en favor de la igualdad, muchos hombres y mujeres negros optaron por regresar a Estados Unidos una vez finalizada la guerra de Secesión.

A medida que Estados Unidos avanzaba hacia la abolición de la esclavitud y la larga lucha por la reconstrucción y los derechos civiles, aquellos hombres y mujeres que escaparon valientemente de la esclavitud y luego fueron a ayudar a sus hermanos y hermanas que seguían atrapados en el sur sirvieron de inspiración para muchas generaciones venideras, dando esperanza a los negros mientras seguían enfrentándose a la discriminación y la desigualdad de derechos.

Capítulo 8: Influencias en la literatura y el arte estadounidenses

La literatura afroamericana más conocida del siglo XIX ha llegado en forma de personas esclavizadas fugadas que han escrito sus propios relatos, contando sus experiencias durante audaces huidas y las luchas que soportaron a manos de sus esclavizadores.

Sería fácil pasar por alto el hecho de que muchos escritores negros aportaron mucho más que narraciones sobre la esclavitud. Entre los estimados autores negros del siglo XIX, podemos encontrar a quienes escribieron hermosas poesías, relatos cortos y novelas sobre una amplia gama de temas, como la religión, el sufragio y otros.

Hoy sabemos que el color de la piel de una persona no tiene nada que ver con su inteligencia. Sin embargo, en el siglo XIX, Estados Unidos era un mundo en el que se menospreciaba a los negros por el color de su piel. Estos autores demostraron al mundo que las personas de piel negra eran igual de capaces de aprender y crear que sus homólogos blancos. Sus grandes obras literarias eran prueba de una inteligencia extraordinaria. Esto sirvió de inspiración a otros hombres y mujeres negros y de prueba para que los abolicionistas y los activistas de los derechos civiles las utilizaran en su lucha continua por los derechos de los negros.

Además de la literatura, los afroamericanos del siglo XIX también contribuyeron con llamativas pinturas, llegando incluso a alcanzar fama internacional a pesar de todos los obstáculos a los que se enfrentaron. Sus éxitos siguen siendo relevantes en la actualidad y continúan siendo estudiados por historiadores, artistas y escritores.

Paul Lawrence Dunbar

Paul Laurence Dunbar[12]

Paul Lawrence Dunbar fue un poeta negro que nació en Ohio. Sus padres nacieron como personas esclavizadas en Kentucky. En 1893, a la edad de veintiún años, compartió su poesía en la Feria Mundial de Chicago. Su último volumen de poesía publicado se titulaba *Oak and Ivy*.

Dunbar era conocido por escribir poesía en lo que entonces se llamaba «dialecto negro». Hoy probablemente se llamaría AAVE, o inglés vernáculo afroamericano. También escribió poesía en inglés estándar de estilo americano, así como cuatro novelas.

Dunbar fue uno de los poetas negros más famosos e influyentes que dejaron su huella en la literatura del siglo XIX. Sus obras literarias son ahora muy conocidas y se considera que son las mejores representaciones de la vida del hombre negro a principios del siglo XX en Estados Unidos.

Frances Ellen Watkins Harper

MRS. FRANCES E. W. HARPER,

Frances Ellen Watkins Harper [18]

Frances Ellen Watkins Harper fue poeta, autora de relatos cortos y profesora en una escuela para afroamericanos libres en Wilberforce, Ohio.

Nació el 24 de septiembre de 1825 en Baltimore, Maryland, de padres negros libres. Lamentablemente, sus padres fallecieron antes de que ella cumpliera tres años, y Harper se encontró al cuidado de sus tíos, Henrietta y William Watkins.

Su tío era un firme abolicionista, lo que influyó en Harper durante toda su vida. Su tío fundó su propia escuela llamada Academia Watkins para Jóvenes Negros, a la que Harper asistió hasta los trece años. Como en ese momento ya había dejado la escuela, aceptó un trabajo como niñera y costurera para una familia blanca.

Para gran alegría de Harper, la familia blanca tenía una librería. Ella pasaba cada momento libre con la nariz metida en un libro. Cuando tenía veintiún años, escribió su primer volumen de poesía titulado *Hojas del bosque.*

Mientras trabajaba como maestra en Pensilvania, su estado natal, Maryland, aprobó una ley que decía que los negros libres ya no eran bienvenidos en el estado. Si regresaba a su casa, sería llevada a la esclavitud. Esto supuso un punto de inflexión en la vida de Harper. Se fue a vivir con unos amigos de su tío, que también eran abolicionistas. Eran Letitia y William Still. Puede que recuerde el nombre de William Still de antes en el libro. Llegó a ser conocido como el «padre del Ferrocarril clandestino» por sus importantes contribuciones al movimiento.

Harper comenzó a escribir poesía para los periódicos abolicionistas. *Eliza Harris* fue su primer poema publicado tanto en *The Liberator* como en el periódico propiedad de Frederick Douglass. Además de viajar por todo Estados Unidos como conferenciante, Harper dejó una huella perdurable en la literatura del siglo XIX. En aquella época, pocas mujeres negras sabían leer y escribir, ya que era ilegal que todas las personas mantenidas como esclavas aprendieran. De las que habían conseguido alfabetizarse, el llegar a publicar relatos cortos y poemas era algo muy inusual.

Su relato corto publicado en *Anglo-African Magazine* en 1859, se titulaba *Las dos ofertas.* Era una historia sobre la educación de las mujeres. Esta publicación fue muy significativa porque fue el primer relato corto publicado por una mujer negra en Estados Unidos[i].

Harper continuó escribiendo y haciendo giras, dando conferencias y compartiendo sus ideas sobre los derechos de la mujer, la templanza y la lucha de la mujer negra por la igualdad. Murió en 1911 en Filadelfia, Pensilvania, habiendo hecho muchas contribuciones maravillosas tanto al movimiento por el sufragio femenino como a la literatura del siglo XIX durante su vida.

---

[i] Frances Ellen Watkins Harper | Museo Nacional de Historia de las Mujeres.

Henry Ossawa Tanner

Henry Ossawa Tanner[14]

Henry Ossawa Tanner vivió de 1859 a 1937. Nació en Pensilvania como hombre negro libre. Fue un aclamado pintor y uno de los pocos hombres negros de la época que alcanzó fama internacional por su arte.

Tanner no comenzó su carrera artística hasta 1876, cuando empezó a practicar pintando escenas del puerto de Filadelfia. También pintó paisajes locales y animales del zoo de Filadelfia. Tuvo la suerte de convertirse en el único afroamericano de su época en estudiar durante dos años en la famosa Academia de Bellas Artes de Pensilvania bajo la dirección del aclamado Thomas Eakins.

A partir de ahí, Tanner probó suerte en Cincinnati y Atlanta, pero tuvo dificultades para vender sus obras. Un obispo de Cincinnati, Ohio, compró toda la colección de cuadros de Tanner, lo que le permitió financiarse un viaje a París. Una vez en París, se convirtió en alumno de la Académie Julian.

En la Académie Julian perfeccionó su técnica, aprendiendo a manipular la luz y la sombra para aumentar el efecto dramático de la iluminación en sus obras. Comenzó a pintar escenas bíblicas, por las que más tarde se haría famoso.

Cuando llegó 1894, Tanner había alcanzado un logro dorado para cualquiera, y mucho más para un hombre negro de Estados Unidos. Sus cuadros se exponían en el Salón de París, que se celebraba anualmente. En la exposición de 1896, obtuvo una mención honorífica. Su cuadro se titulaba *Daniel en la guarida de los leones*. Lo había pintado en 1895. En 1897, su cuadro *La resurrección de Lázaro* ganó una medalla en la exposición del Salón de París. Este fue un honor asombroso para Tanner, y aún mejor, el gobierno de París compró su cuadro[i].

Phillis Wheatley

Phillis Wheatley[15]

Phillis Wheatley vivió entre 1753 y 1784. Es conocida sobre todo por ser la primera mujer afroamericana esclavizada que publicó un libro de poesía.

Wheatley nació en Gambia, África. En 1761, fue capturada y llevada a América, donde comenzó su vida como esclava en Boston. En esa época, Massachusetts aún no era un estado libre.

---

[i] "Henry Ossawa Tanner | Pintor afroamericano, artista religioso | Británica".

Aunque era inusual para la época, sus esclavizadores le dieron una educación. Aprendió muy deprisa y, en poco tiempo, podía leer los clásicos griegos, la Biblia y la literatura británica. Sus esclavizadores la ayudaron a publicar su primer poema cuando era adolescente, en 1767.

En 1773, viajó a Londres junto con el hijo de su esclavizador. Allí publicó su primer libro de poesía, titulado *Poemas sobre diversos temas, religiosos y morales*.

Sus escritos reflejaban el orgullo que sentía por su herencia africana, así como por la religión cristiana que le habían inculcado al llegar a Estados Unidos. Sus obras desempeñaron un papel importante en la literatura y la política de la época. Los abolicionistas compartían sus escritos, al igual que los esclavistas. En un mundo racista que consideraba a los hombres y mujeres negros menos inteligentes que los de piel blanca, ella era la prueba evidente de que una persona negra podía leer, escribir y crear obras literarias tan bien como cualquier otra.

Charles T. Webber

El Ferrocarril clandestino por Charles T. Webber [16]

Charles T. Webber fue un miembro destacado de la comunidad de artistas de Cincinnati, Ohio, en el siglo XIX. Se hizo famoso por su cuadro titulado *El Ferrocarril clandestino*.

[Phillis Wheatley | Museo Nacional de Historia de las Mujeres.](#)

El cuadro se expuso en la Exposición Colombina Mundial de 1893 en Chicago. Representaba a sus buenos amigos, que eran abolicionistas en Cincinnati. Eran Levi Coffin, la esposa de Coffin, Catharine, y Hannah Haydock. En el cuadro, los abolicionistas están trabajando para ayudar a una familia negra a alcanzar la libertad, viajando a través de una escena invernal nevada con cierto grado de caos. No lo sabemos con certeza, pero se cree que la escena del cuadro tiene lugar en la granja de Levi Coffin.

Webber también es conocido por sus numerosos retratos. Su pintura del Ferrocarril clandestino llamó la atención sobre la continua lucha por la igualdad de derechos durante el periodo de la Reconstrucción e inspiró a los hombres y mujeres negros a seguir compartiendo sus historias y luchas con el mundo.

Capítulo 9: El papel de la mujer

En la década de 1830, muchas mujeres empezaron a implicarse en el movimiento abolicionista, luchando para acabar con la esclavitud. Mientras se movilizaban por la libertad de los negros, las mujeres blancas empezaron a darse cuenta de que no tenían los mismos derechos que los hombres. Fue en ese momento cuando empezó a formarse silenciosamente el movimiento por el sufragio femenino. Las mujeres empezaron a exigir la igualdad de derechos políticos, sociales y económicos. Antes de 1848, las mujeres no tenían derecho a asistir a ningún colegio o universidad para cursar estudios superiores.

Cuando la guerra de Secesión llegaba a su fin, la vida en Estados Unidos estaba cambiando. Los negros se vieron liberados de las ataduras de la esclavitud y había comenzado una nueva batalla por la igualdad de derechos. Las mujeres se encontraron atrapadas en medio de esta batalla. Por todo Estados Unidos, los que habían sido abolicionistas trasladaron sus esfuerzos a la lucha por el sufragio femenino, trabajando para acabar con la visión de la mujer como el sexo débil. Este esfuerzo se alineó casi directamente con la lucha continua para que los negros estadounidenses tuvieran plena ciudadanía e iguales derechos que los blancos.

Las mujeres trabajaron entre bastidores para luchar por la igualdad de derechos, además de dar discursos abiertamente e incluso protestar. Las mujeres negras se encontraron doblemente discriminadas como mujeres y como minorías raciales. Los actos sufragistas dirigidos por blancos a menudo discriminaban y excluían a las mujeres negras, a las que se les decía que marcharan en la parte trasera de los desfiles, si es que se las incluía.

A lo largo de la turbulenta época de la historia estadounidense, entre la década de 1830, la guerra de Secesión y el cambio de siglo, muchas mujeres se alzaron para luchar con orgullo por sus derechos tanto raciales como femeninos.

Harriet Tubman

Una de las figuras más conocidas del Ferrocarril clandestino es Harriet Tubman. Nació como persona esclavizada en el condado de Dorchester, Maryland, en 1822. Su nombre de nacimiento era Araminta Ross, y sus padres esclavizados se llamaban Ben y Rit. Harriet se casó con John Tubman cuando aún era esclava, en 1844.

Cuando el esclavizador de Tubman murió en 1849, ella escapó hacia la libertad porque se enteró de que iba a ser vendida a otra plantación. Estaba disgustada por la

Harriet Tubman[17]

cantidad de familiares y amigos que dejó atrás en la esclavitud y se propuso como misión personal ayudarles a alcanzar la libertad.

Tubman habló con franqueza sobre su situación y sus acciones en 1868, después de que la guerra de Secesión hubiera terminado y ya no hubiera peligro para su vida. Dijo: «No había nadie que me diera la bienvenida a la tierra de la libertad. Era una extranjera en una tierra extraña; y mi hogar, después de todo, estaba en Maryland, porque mi padre, mi madre, mis hermanos y hermanas y mis amigos estaban allí. Pero yo era libre, y ellos debían ser libres»[i].

Harriet utilizó las habilidades que había aprendido trabajando al aire libre como jornalera para instruir a otros sobre cómo seguir las señales naturales que apuntaban al norte en su huida. Muchos mitos rodean a Harriet Tubman, incluidos los códigos secretos de comunicación y las

---

[i] Bradford, Sarah H. *Escenas de la vida de Harriet Tubman*, 1868.

canciones que cantaba. Ella nunca utilizó nada parecido a los códigos de edredón de los que se habla en las clases de historia de EE. UU. o que se ven en películas y libros infantiles. En lugar de eso, se fiaba de sus instintos. Viajó por el agua y por los bosques en la oscuridad de la noche, y confió en sus compañeros abolicionistas negros libres y en algunos aliados blancos.

Harriet Tubman llevaba consigo una pistola en sus viajes de regreso a Maryland por varias razones. La razón más llamativa por la que la guardaba era para amenazar a las personas esclavizadas más débiles que tuvieran miedo e intentaran dar marcha atrás. Volver delataría a todos los miembros del grupo de fugitivos, poniendo en peligro sus vidas. Harriet sabía que no podía permitir que eso sucediera.

Frederick Douglass dijo que, aparte de John Brown, Tubman era la única persona que había conocido dispuesta a soportar tantas penurias para ayudar a su pueblo esclavizado.

Mucha gente cree que Harriet Tubman viajó por todo el sur de Estados Unidos para llevar a la gente a un lugar seguro en el norte. En realidad, esto está muy lejos de la realidad. Tubman solo regresó a su ciudad natal de Maryland unas trece veces para llevar a su familia y amigos al norte.

En total, Harriet Tubman llevó a setenta personas hacia el norte desde la zona de Maryland hacia la libertad a través de las fronteras estatales. Aunque había una recompensa en metálico por su captura, nunca fue entregada ni capturada.

Un mito popular sobre Harriet Tubman es que obtuvo una recompensa de 40.000 dólares. Sin embargo, la única prueba que tenemos es de una recompensa en metálico de 100 dólares por el regreso de Harriet «Minty» Ross y sus hermanos. Para poner en perspectiva lo ridículo que sería que Tubman tuviera una recompensa de 40.000 dólares por su cabeza, considere que John Wilkes Booth, que disparó a Abraham Lincoln, tenía una recompensa de 50.000 dólares. Eso equivale a varios millones de dólares hoy en día. Si Tubman hubiera tenido una recompensa tan grande, todos los periódicos del norte y del sur habrían estado anunciando la recompensa, y, seguramente, habría sido capturada.

Harriet Tubman llegó a estar muy bien relacionada en el norte. Era amiga de muchos abolicionistas e intelectuales conocidos de su época, como William Lloyd Garrison, Harriet Beecher Stowe, Ralph Waldo

Emerson y Bronson Alcott. (Fue William Lloyd Garrison quien dio a Tubman uno de sus apodos más famosos: Moisés, por el profeta de la Biblia que sacó a los judíos de la esclavitud en Egipto). Se hizo amiga de Frederick Douglass y también se unió al movimiento sufragista, pasando tiempo con Lucretia Coffin Mott, Martha Coffin Wright y Susan B. Anthony.

La noticia de su valentía y sus viajes también cruzó el océano hasta Inglaterra, donde fue elogiada por sus esfuerzos.

Durante la guerra de Secesión, Tubman nunca se echó atrás. Se lanzó a seguir ayudando, sirviendo como enfermera para los soldados afroamericanos heridos en Carolina del Sur. Durante ese tiempo, fue reclutada por el general de división David Hunter para ser espía de la Unión tras las líneas confederadas. Ayudó a guiar tres barcos de vapor de la Unión de forma segura alrededor de las minas confederadas.

El 1 de junio de 1863, Tubman se unió al 2.º Regimiento de Infantería de Carolina del Sur, dirigido por el coronel James Montgomery. La infantería realizó incursiones en plantaciones a lo largo del río Combahee, donde rescató a personas esclavizadas y las incorporó a su ejército. En total, las incursiones reunieron a más de 700 personas. Fue una incursión importante que debilitó al ejército confederado.

Una vez finalizada la guerra de Secesión, Tubman volcó toda su energía en el movimiento por los derechos de la mujer durante los últimos años de su vida. Falleció en su casa de Auburn, Nueva York, en 1913.

¿Qué inspiró a Harriet Tubman a ser tan valiente y decidida? Cuando se le preguntó, respondió que fue su inquebrantable fe cristiana. Durante los años de juventud de Tubman, se estaba produciendo el Segundo Gran Despertar. Se trataba de un renacimiento religioso cristiano durante el cual los predicadores viajaron por todo Estados Unidos, compartiendo el cristianismo evangélico tanto con los blancos como con las personas esclavizadas de las plantaciones de todo el sur. Estos cristianos creían que era su deber compartir el mensaje del evangelio para provocar una gran reforma en Estados Unidos. Esta reforma provocaría la segunda venida de Jesucristo, según sus creencias.

Jarena Lee fue una de las primeras predicadoras que habló en los avivamientos de la Iglesia Metodista Episcopal Africana. Harriet Tubman dijo que se inspiró en Jarena Lee. La comprensión de que las mujeres podían tener autoridad religiosa pareció dar a Tubman poder y resolución en su propia vida.

Las creencias de Tubman no eran puramente cristianas evangélicas. Como muchas personas esclavizadas de su época, también tenía creencias tradicionales africanas que se habían fusionado con el cristianismo. Lo sabemos porque un fugitivo al que Tubman condujo a la libertad hablaba del amuleto que ella le había dado para mantenerlo a salvo.

Una herida repentina en la cabeza cuando Tubman era una adolescente casi le había costado la vida. Estaba en una tienda al por menor cuando unos cazadores de esclavos se abalanzaron sobre ella tratando de atrapar a una persona esclavizada que se había escapado. El enloquecido capturador de esclavos lanzó una pesa de dos libras contra el hombre, pero en su lugar golpeó a Harriet Tubman, aplastándole parte del cráneo. Tras sobrevivir milagrosamente a esta herida, Harriet sufría a menudo dolores de cabeza repentinos y se quedaba dormida sin previo aviso, entrando en un estado de trance. Ella creía que estos trances eran comunicaciones con Dios, y esto era lo que la hacía intrépida.

Con solo metro y medio de estatura, con o sin trances de Dios, la diminuta Harriet Tubman era una fuerza a tener en cuenta.

Sojourner Truth

Sojourner Truth nació como Isabella Baumfree alrededor del año 1797 en Swartekill, Nueva York. Fue una esclava que pasó la primera parte de su vida siendo comprada y vendida cuatro veces. En 1827, la temeraria valentía invadió a Sojourner Truth. Recogió a su hija pequeña y escapó. Consiguió llegar a casa de una familia cuáquera llamada los Van Wageners, que compraron su libertad por 20 dólares.

Durante su estancia con la familia cuáquera, Sojourner tuvo una intensa experiencia religiosa que marcó la pauta para el resto de su vida. Sojourner Truth comenzó entonces a

Sojourner Truth[18]

cometer actos radicales. Lo primero que hizo fue pedir a los Van Wagener que la ayudaran a demandar al esclavizador blanco que había comprado a su hijo esclavizado, el cual había sido vendido ilegalmente. Para conmoción de mucha gente, ganó el caso. Fue la primera mujer negra que demandó a un esclavizador blanco por la custodia de un hijo y ganó.

En 1843, cambió su nombre por el de Sojourner Truth. Creía que Dios la había llamado a predicar la verdad y quería que su nombre lo reflejara.

Sojourner hizo del sexismo una parte de su lucha tan importante como el racismo. En 1844, entró a formar parte de la Asociación de Educación e Industria de Northampton, que creía firmemente en la tolerancia religiosa y el pacifismo.

Se inspiró en Frederick Douglass para hablar de justicia social, uniéndose a la lucha para acabar con la esclavitud. En particular, se centró en los derechos de las mujeres afroamericanas y consideró que el sufragio estaba interconectado con la cuestión de la esclavitud. Esta creencia la diferenció de otras abolicionistas francas.

Durante uno de sus discursos más famosos, Sojourner señaló que, por ser una mujer negra, nadie intervenía para ayudarla. Si quería que algo sucediera, tenía que hacerlo por sí misma. Esto fue en respuesta a los hombres que protestaban ante la convención de mujeres, donde ella había pronunciado su discurso titulado «¿No soy una mujer?». Además, puso a los manifestantes sexistas en su sitio al señalar que Cristo había nacido de una mujer virgen, lo que significaba que las mujeres tenían el poder y la determinación para hacer casi cualquier cosa. Sojourner Truth era la única mujer negra en esta manifestación, pero eso no le impidió defender sus derechos y los de todas las mujeres presentes.

Durante la década de 1850, Truth se trasladó a Battle Creek, Michigan. Allí vivían tres de sus hijas. Desde allí, ayudó a las personas esclavizadas en sus viajes a Canadá. También continuó hablando por todo Estados Unidos sobre los derechos de la mujer, la igualdad de los negros y la templanza.

Durante la guerra de Secesión, apoyó a las tropas organizando suministros. Una vez finalizada la guerra, Sojourner Truth fue invitada a la Casa Blanca, donde se unió a la Oficina de los Hombres Libres (Freedmen's Bureau). Esta organización ayudaba a las personas esclavizadas recién liberadas a adquirir habilidades y encontrar nuevos trabajos para mantenerse.

Durante su estancia en Washington D. C., Sojourner dedicó su tiempo a presionar contra la segregación. Un día, un conductor de tranvía pensó que podía impedirle violentamente que cogiera un viaje. No tenía ni idea de que se estaba metiendo con la mujer negra equivocada. Sojourner Truth hizo que detuvieran al hombre y ganó su caso contra él en los tribunales.

Siguió luchando por la igualdad de trato de todos los negros, fueran hombres o mujeres, hasta su muerte en 1883. En los últimos años de su vida, quedó casi completamente ciega y sorda. Regresó a Battle Creek, Michigan, para estar con sus hijas en sus últimos años.

A pesar de todo su activismo, Sojourner nunca aprendió a leer ni a escribir[i].

Hoy en día, es una inspiración para todas las feministas negras que se encuentran atrapadas en el espacio interseccional entre los derechos raciales y los derechos de la mujer.

Lucretia Mott

Lucretia Coffin Mott vivió de 1793 a 1880. Era una mujer blanca nacida de padres cuáqueros en Nantucket, Massachusetts, como una de ocho hijos.

Sus padres la enviaron a un internado cuáquero de Nueva York llamado Nine Partners. Allí escuchó historias de un abolicionista cuáquero llamado Elias Hicks sobre los males de la esclavitud. Incluso a una edad temprana, Mott estaba interesada en la justicia social.

Cuando se enteró de que las maestras ganaban menos dinero que los maestros por hacer el mismo trabajo, se enfureció, y así comenzó su camino hacia la lucha por la igualdad humana.

En 1833, Mott trabajó con más de otras treinta mujeres abolicionistas para crear la Sociedad Antiesclavista Femenina de Filadelfia. En 1840, Mott viajó a Londres, Inglaterra, como delegada de la sociedad para asistir a la Convención Mundial Antiesclavista. Allí conoció a Elizabeth Cady Stanton, otra abolicionista y defensora de los derechos de la mujer. Las dos damas se enfurecieron cuando se enteraron de que no se

---

[i] Biografía: Sojourner Truth.

permitía a las mujeres asistir a la Convención Mundial Antiesclavista[i].

Tardarían ocho años, pero la pareja llegó a organizar una convención sobre los derechos de la mujer en Estados Unidos para ayudar a educar a los hombres en este importante tema.

Lucretia Mott se mantuvo activa durante toda su vida, participando en el movimiento por los derechos de la mujer y siguió siendo abolicionista, trabajando por la igualdad de derechos tanto de las mujeres como de los negros.

Elizabeth Van Lew

Los hombres que planearon las estrategias de batalla y dirigieron las tropas durante la guerra de Secesión nunca imaginaron el papel que las mujeres astutas, observadoras e inteligentes podrían desempeñar en el conflicto. Tanto las mujeres del norte como las del sur comenzaron inmediatamente a reunir información sobre su enemigo. Observaron el movimiento de las tropas, analizaron las estrategias del enemigo y, en general, se mantuvieron en silencio al margen, catalogando todo tipo de información importante sin que ni siquiera se les preguntara.

En cuanto los generales y los soldados se dieron cuenta de la utilidad que tenían las mujeres fisgonas, empezaron a reclutarlas como agentes encubiertas. Estas mujeres estaban dispuestas a arriesgar sus vidas para ayudar a su ejército a ganar la guerra.

Elizabeth Van Lew tenía cuarenta y tres años al comienzo de la guerra de Secesión. Pertenecía a la élite de los ricos de Richmond, Virginia. Esta era la capital de la Confederación, por lo que Elizabeth vivía en el corazón de todo en una mansión de tres pisos.

Aunque pocos se daban cuenta, Van Lew odiaba la institución de la esclavitud. Escribía sus pensamientos en un diario secreto que mantenía enterrado en el patio trasero de su casa por seguridad. Solo reveló el lugar cuando estaba en su lecho de muerte.

Fingiendo ser una confederada leal durante toda la guerra, Van Lew ofreció discretamente su ayuda a la Unión. Pasó los cuatro años reuniendo y enviando información de inteligencia a importantes oficiales de la Unión. Van Lew reunió y dirigió su propia red de espías para el ejército de la Unión. Hizo un trabajo tan asombroso que ahora se la

---

[i] Lucretia Mott - Parque Histórico Nacional de los Derechos de la Mujer (Servicio de Parques Nacionales de EE. UU.).

considera la espía de la Unión con más éxito de toda la guerra.

Cuando la prisión de Libby se utilizó para alojar a los prisioneros de guerra de la Unión, Van Lew vio que las condiciones eran atroces. Convenció al general para que les permitiera a ella y a su madre llevar alimentos y medicinas a las tropas encarceladas. La élite social de Richmond se horrorizó, y tanto la madre como la hija fueron abiertamente criticadas por su trabajo.

El *Richmond Enquirer* escribió: «Dos damas, una madre y una hija, que viven en Church Hill, han atraído últimamente la atención pública por sus asiduas atenciones a los prisioneros yanquis... Estas dos mujeres han estado gastando sus opulentos medios en ayudar y dar consuelo a los malhechores que han invadido nuestro sagrado suelo»[i].

Poco después, madre e hija recibieron amenazas de muerte de hombres de toda la región. Van Lew redobló sus esfuerzos y utilizó una fuente para natillas con un compartimento oculto para pasar mensajes a los prisioneros mientras les daba de comer. Ocultaba mensajes en libros y luego sobornaba a los guardias para que trasladaran a los prisioneros a hospitales donde pudieran ser entrevistados. A veces, escondía a los prisioneros en su casa y los ayudaba a escapar. Pocas personas sospechaban que estas dos mujeres fueran lo suficientemente inteligentes o valientes como para llevar a cabo misiones de espionaje de esta manera.

Un prisionero fugado regresó a la Unión e informó de la ayuda que había recibido de Van Lew. Esto llevó a su reclutamiento oficial como espía de la Unión. Se convirtió en la jefa de la red de espionaje del general Benjamin Butler. Sus cartas estaban escritas en clave, utilizando tinta incolora que solo se volvía negra cuando se vertía leche sobre ella.

En 1864, Van Lew contaba con doce personas en su red de espionaje, incluida su propia sirvienta negra, Mary Ann Bowser. Todos trabajaban juntos para pasar mensajes clandestinos llenos de información entre cinco lugares.

Al final de la guerra, Van Lew había perdido toda su posición social en Richmond, y también la mayor parte de su dinero. Acabó viviendo de las donaciones de las familias de destacados soldados de la Unión a los

---

[i] Lineberry Cate: "Elizabeth Van Lew: Una improbable espía de la Unión | Historia | Smithsonian Magazine".

que había ayudado durante la guerra, muriendo sola como una paria en su casa en 1900.

Mary Ann Shad Cary

Mary Ann Shadd Cary nació en 1823 en Delaware, un estado esclavista. Afortunadamente, sus padres eran afroamericanos libres, por lo que Mary Ann no nació como persona esclavizada a pesar de vivir en Delaware.

Cuando tenía diez años, su familia se trasladó a Pensilvania, que era un estado libre y ofrecía mejores oportunidades para Mary Ann. Fue a la escuela en Pensilvania, donde se hizo maestra. Mientras vivía en Pensilvania, la familia Shad ayudó a hombres y mujeres negros fugitivos a lo largo del Ferrocarril clandestino.

Tras la Ley de Esclavos Fugitivos de 1850, Mary Ann decidió ir más al norte, a Canadá. Allí conoció a su marido, Thomas J. Cary. Tuvieron dos hijos y Mary Ann abrió una escuela que atendía tanto a alumnos negros como blancos. Mary Ann Shad Cary se dio a conocer cuando se convirtió en la primera editora negra en la historia de Norteamérica de un periódico. Publicó el primer periódico antiesclavista de Canadá, llamado *The Provincial Freedom*.

El marido de Mary Ann murió en Canadá y ella decidió regresar a Estados Unidos justo cuando estalló la guerra de Secesión. En Washington, D. C., encontró trabajo como profesora, escritora y activista política. Fundó la Asociación Progresista de Mujeres de Color.

Mary Ann habló en la Convención de la Asociación Nacional del Sufragio Femenino de 1878. Pasó el resto de su vida en Washington, D. C., luchando por la igualdad de derechos para todas las personas, independientemente de su raza o sexo. Murió de cáncer de estómago en 1893, dejando tras de sí un legado para inspirar a las mujeres de todo el mundo.

Capítulo 10: El legado del Ferrocarril clandestino

El Ferrocarril clandestino ha dejado un legado imperecedero como parte de la historia de los Estados Unidos de América, demostrando cómo la gente puede unirse para luchar contra la opresión.

Ese legado es testigo de los actos de barbarie que la institución de la esclavitud trajo a Estados Unidos. Aunque hemos intentado atenuar y a veces incluso ocultar las sórdidas verdades sobre la esclavitud, el dolor y la división siguen siendo un problema en todo el país, mientras los ciudadanos negros siguen luchando por la igualdad de trato y luchan por sanar.

El legado del Ferrocarril clandestino también deja tras de sí una historia de libertad llevada a los hombres y mujeres esclavizados por actos extremos de valentía. En algunos casos, la valentía fue su propia voluntad y determinación. En otros casos, la valentía vino de gente de fuera, tanto abolicionistas blancos y negros como negros libres que vivían en el norte.

Hoy nos quedan muchos lugares históricos que honran la memoria de los valientes que se unieron para luchar por la igualdad y la justicia. También hay varios museos dedicados al legado del Ferrocarril clandestino por todo Estados Unidos.

Harriet Tubman tiene un museo en su honor, el Centro de Visitantes del Ferrocarril Clandestino Harriet Tubman, situado en Church Creek, Maryland, cerca de la zona donde vivió. El museo cuenta con información educativa y exposiciones interactivas, pero lo más impactante que ofrece el museo es un recorrido en coche por treinta y seis lugares. Este recorrido es autoguiado y lleva a los visitantes a múltiples sitios a lo largo del Ferrocarril clandestino para ver de primera mano dónde la gente huía, se escondía y cooperaba en su camino hacia la libertad.

Cincinnati, Ohio, alberga el Centro Nacional de la Libertad del Ferrocarril Clandestino. Este asombroso museo honra el legado del Ferrocarril clandestino ofreciendo conferencias de expertos actuales, información sobre cómo sigue existiendo la esclavitud hoy en día y qué podemos hacer para combatirla, cortometrajes educativos y amplias exposiciones interactivas. Está situado a orillas del río Ohio, la peligrosa masa de agua que muchas personas esclavizadas arriesgaron sus vidas para cruzar y llegar a los estados libres del norte.

El Museo del Ferrocarril Clandestino Slave Haven de Memphis, Tennessee, es otro lugar excelente para explorar la perdurable historia del Ferrocarril clandestino. En este lugar, los visitantes pueden pasear por una casa prebélica conservada que fue una parada del Ferrocarril clandestino, incluyendo trampillas ocultas y sótanos subterráneos donde la gente se escondía. Abierto desde 1997, el museo no solo transporta a los visitantes atrás en el tiempo para experimentar el Ferrocarril clandestino en persona, sino que también es testigo de la larga historia de los derechos civiles en Memphis.

En Detroit, la memoria del Ferrocarril clandestino está muy presente. En el Museo Viviente del Ferrocarril Clandestino, los visitantes pueden experimentar la narración de historias en vivo y convertirse en parte de la historia. Los visitantes son encadenados en «África» y llevados a través de una experiencia interactiva, sintiendo físicamente el viaje que la gente hizo en su camino a Detroit y luego a Canadá.

En la actualidad, en Estados Unidos, el gobierno ha patrocinado una excelente iniciativa educativa para promover información objetiva sobre los muchos colaboradores del Ferrocarril clandestino. Esta información se encuentra en la página web de la Fundación de Parques Nacionales, donde se pueden encontrar biografías en profundidad libres de mitos. La iniciativa también se extiende a todos los niveles del Sistema de Parques Nacionales, asociándose con sociedades históricas estatales y locales para incluir en el programa muchos lugares de todo EE. UU. Los programas educativos basados en los Parques Nacionales incluyen espectáculos que llegan a los niños pequeños, como el espectáculo de marionetas sobre el Ferrocarril clandestino que se ofreció en un Lugar Histórico Nacional de Boston.

En 1998, se aprobó una ley para apoyar este movimiento. Se denominó Ley de la Red Nacional del Ferrocarril Clandestino hacia la Libertad de 1998. La página web afirma: «A través de su misión, la Red hacia la Libertad ayuda a avanzar en la idea de que todos los seres humanos abrazan el derecho a la autodeterminación y a liberarse de la opresión»[i].

---

[i] "Red Nacional del Ferrocarril Subterráneo hacia la Libertad".

Conclusión

¿Se ha parado a pensar alguna vez cómo sería hoy la vida en Estados Unidos si nunca hubiera existido el Ferrocarril clandestino? Sin el aliento y la información de los abolicionistas y los negros libres del norte, es poco probable que mucha gente hubiera tenido el conocimiento o el valor de escapar de sus esclavizadores y dirigirse hacia el norte.

Si lo recuerda, fue el gran número de hombres y mujeres negros que llegaban a las ciudades del norte lo que llevó los problemas entre el norte y el sur a un punto crítico. El problema que planteaba si se permitiría a los esclavistas del sur cruzar al norte para reclamar a los seres humanos fugitivos que consideraban de su propiedad fue el catalizador de la Ley de Esclavos Fugitivos de 1850, que en última instancia condujo a la guerra de Secesión.

Sin este catalizador, ¿habríamos tenido alguna vez una guerra de Secesión? ¿O las cosas habrían permanecido estancadas, con los afroamericanos esclavizados en el sur, y aunque libres en los estados del norte, todavía experimentando la vida con menos que los mismos derechos?

Es un pensamiento que nos hace reflexionar.

Sin la valentía perdurable de los hombres y mujeres que trabajaron para educar, envalentonar y ayudar a las personas esclavizadas fugitivas, es muy probable que nuestro país se encontrara en un lugar completamente diferente en estos momentos.

Cuando considere el Ferrocarril clandestino, recuerde que es mucho más que una red de rutas seguras y abolicionistas. El Ferrocarril clandestino representa algo extremadamente significativo.

El Ferrocarril clandestino fue el mayor movimiento de desobediencia civil masiva de Estados Unidos. Piense en la gravedad de que miles y miles de ciudadanos, tanto negros como blancos, esclavizados y libres, se unieran para subvertir el gobierno de Estados Unidos. Se trataba de un movimiento político interracial como nunca se había visto antes. La gente se dio cuenta de que tenía que defender los derechos de su prójimo, e incluso a pesar de infringir la ley federal, siguieron haciéndolo.

Si nos llevamos algo importante del legado del Ferrocarril clandestino, debería ser que cada persona tiene el poder de marcar la diferencia en este mundo, haciendo lo correcto, incluso si se hace en silencio y sin reconocimiento. Juntos, tenemos el poder de hacer de nuestro país un lugar mejor para todas las personas, por igual.

Vea más libros escritos por Enthralling History

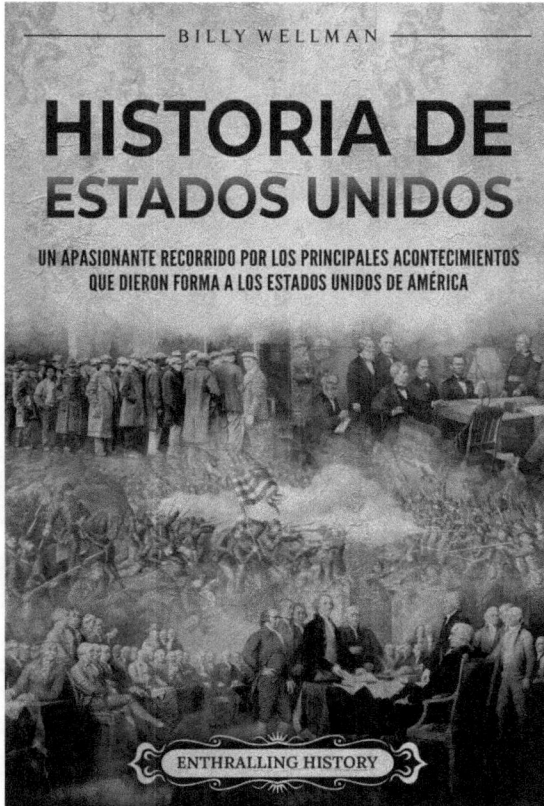

Bibliografía

1873 House Bill 0122. Resolve Providing For An Amendment Of The Constitution To Secure The Elective Franchise And The Right To Hold Office To Women, Massachusetts State Library, https://archives.lib.state.ma.us/handle/2452/742347; "Lewis Hayden Obituary", *The Woman's Journal* (13 de abril de 1889), Schlesinger Library, Radcliffe Institute, Harvard University, https://iiif.lib.harvard.edu/manifests/view/drs:49020444$123i.

"Movimiento abolicionista - Definición y abolicionistas famosos | HISTORIA".

"Un recorrido por el Ferrocarril clandestino - Oficina de Turismo de Georgia".

"Movimiento de vuelta a África".

Bradford, Sarah H. *Escenas en la vida de Harriet Tubman*, 1868.

Brown Box, Henry *Narrativa de la vida de Henry Box Brown, escrita por él mismo*.

"Dahomey", *The Liberator* (Boston, Massachusetts), 20 de febrero de 1863, Genealogybank.

Densmore, Christopher, "Los cuáqueros y el Ferrocarril clandestino: Mitos y realidades".

Douglass, Frederick :*Narrativa de la vida de Frederick Douglass*.

"Ellen Smith Craft | Mujeres de Logro de Georgia".

"Frances Ellen Watkins Harper | Museo Nacional de Historia de las Mujeres".

"Frederick Douglass - Historia.com".

"Biografía de Frederick Douglass en PBS".

Foner, Philip S., editor Taylor, Yuval *Frederick Douglass, Frederick Douglass: Selected Speeches and Writings, editor.* (Chicago: Lawrence Hill Books, 1975),180.

Gates Jr, Louis Henry "Mitos sobre el Ferrocarril clandestino | Blog de historia afroamericana | Los afroamericanos: Muchos ríos que cruzar".

"Henry Ossawa Tanner | Pintor afroamericano, artista religioso | Britannica".

Jacobs, Harriet A. *Incidentes en la vida de una niña esclava. Escrito por ella misma: Edición electrónica.*

"Josiah Henson (Servicio de Parques Nacionales de EE. UU.)".

Kidder, Adams, Weems, *History of the Boston Massacre, March 5, 1770: consisting of the narrative of the town, the trial of the soldiers and a historical introduction, containing unpublished* (Albany: J. Munsell, 1870), 255.

Lewis, Danny : "La revuelta de los esclavos neoyorquinos de 1712 fue un sangriento preludio de décadas de penurias | Smart News| Smithsonian Magazine".

"Casa de Lewis y Harriet Hayden - Lugar Histórico Nacional Afroamericano de Boston (Servicio de Parques Nacionales de EE. UU.)".

Lineberry Cate : "Elizabeth Van Lew: Una improbable espía de la Unión | Historia| Smithsonian Magazine".

Lucretia Mott – "Parque Histórico Nacional de los Derechos de la Mujer (Servicio de Parques Nacionales de EE. UU.)".

Red Nacional del Ferrocarril clandestino hacia la Libertad.

"Opinión | Los hilos enredados de la historia - The New York Times".

"Opinión | Cómo obtuvo su nombre el Ferrocarril clandestino" - The New York Times.

Phillis Wheatley | Museo Nacional de Historia de las Mujeres.

Shane, Scott *Flee North: A Forgotten Hero and the Fight for Freedom in Slavery's Borderland.*

"A los Amigos del Fugitivo", *The Liberator*, 18 de octubre de 1850.

The Libertator, 29 de diciembre de 1865.

"Códigos secretos del Ferrocarril clandestino: Harriet Tubman".

"El Ferrocarril clandestino". Los cuáqueros en el mundo.

"Proyecto Frederick Douglass de la Universidad de Rochester".

"Weeksville - Los primeros asentamientos afroamericanos de NYC - Guías de investigación en los centros de investigación de la Biblioteca Pública de Nueva York".

"Wilbur Siebert Historiador o fabulista | Historia del mundo".

"William Still: un abolicionista afroamericano".

William Craft (Servicio de Parques Nacionales de EE. UU.).

Women's History.org "Biografía: Sojourner Truth".

Fuentes de imágenes

[1] https://commons.wikimedia.org/wiki/File:William_Still_abolitionist.jpg

[2] https://commons.wikimedia.org/wiki/File:Josiah_Henson_bw.jpg

[3] https://commons.wikimedia.org/wiki/File:REV._LEONARD_ANDREW_GRIMES.JPG

[4] https://commons.wikimedia.org/wiki/File:Lewis_Hayden_Portrait.png

[5] https://commons.wikimedia.org/wiki/File:Henry_Box_Brown_(recortado).jpg

[6] https://commons.wikimedia.org/wiki/File:Levi_coffin.JPG

[7] https://commons.wikimedia.org/wiki/File:John_Rankin_(American_abolitionist).jpg

[8] https://commons.wikimedia.org/wiki/File:Undergroundrailroadsmall2.jpg

[9] https://commons.wikimedia.org/wiki/File:Frederick_Douglass_(circa_1879).jpg

[10] https://commons.wikimedia.org/wiki/File:Ellen_and_William_Craft.png

[11] *Archivos Estatales de Carolina del Norte Raleigh, NC, Sin restricciones, vía Wikimedia Commons;* https://commons.wikimedia.org/wiki/File:Harriet_Jacobs.jpg

[12] https://commons.wikimedia.org/wiki/File:Paul_Laurence_Dunbar_circa_1890.jpg

[13] https://commons.wikimedia.org/wiki/File:Mrs._Frances_E.W._Harper_NYPL_1225579.jpg

[14] https://commons.wikimedia.org/wiki/File:Portrait_of_Henry_Ossawa_Tanner.jpg

[15] https://commons.wikimedia.org/wiki/File:Women_of_distinction_-_Phillis_Wheatley.jpg

[16] https://commons.wikimedia.org/wiki/File:The_Underground_Railroad_by_Charles_T._Webber,_1893.jpg

[17] https://commons.wikimedia.org/wiki/File:Harriet-Tubman-248x300.jpg

[18] https://commons.wikimedia.org/wiki/File:SojournerTruth.jpg

www.ingramcontent.com/pod-product-compliance
Lightning Source LLC
LaVergne TN
LVHW051748080426
835511LV00018B/3265